グラミンの
ソーシャル・
ビジネス

世界の社会的課題に挑むイノベーション

大杉卓三
アシル・アハメッド

Grameen's Social Business
A powerful way to solve social problems

集広舎

Foreword

Social business is a powerful way to solve social problems. While most of our current social problems have been caused by people, they can also be solved by people working together. Academia, with its multi-disciplinary skills and resources, is an ideal place for solutions to be developed.

I commend the steps taken by professors of Kyushu University and Osaka University to document the basics of social business in the Japanese language and introduce current practices to a wider audience of students, researchers, industry leaders and others with altruistic minds.

The 2nd edition of the book contains updated information about social business case studies. Throughout the book, readers will see how Grameen has been tackling social issues related to finance, education, healthcare, energy and communication.

I hope that these stories will move people to action : students to choose careers directed at solving social problems, researchers to find seeds for new endeavors, and Japanese industries with their world-renowned technologies to expand their involvement in social business. Tiny starts have the potential to make our world better for everyone.

Muhammad Yunus

Founder, Grameen Bank
2006 Nobel Peace Laureate

序　文

　ソーシャル・ビジネスは，社会的課題を解決するための一つの強力な方法です。私たちが直面している社会的課題のほとんどは人の手で作り出されたものですが，同時にそれらの課題は人々が力を合わせることで解決できます。多くの学問領域にわたる技術と資源を擁する学界は，課題解決の道筋を開発するための理想的な場所といえます。

　九州大学と大阪大学では，ソーシャル・ビジネスの基本を日本語の論文や書籍にまとめ，学生や研究者，産業界のリーダー，その他多くの人々に対して，実践中の様々な活動を紹介しています。これらの大学の教授のみなさんが利他的な心でこうした活動に取り組んでいることを，私は高く評価します。

　増補改訂版の本書『グラミンのソーシャル・ビジネス』には，ソーシャル・ビジネスの最新の事例研究が含まれています。この本を通じて，グラミンが金融や教育，ヘルスケア，エネルギー，通信に関する社会的な課題にどのように取り組んできたのかを，読者のみなさんは知ることができるでしょう。

　私は，ここに書かれた物語を読んだ人々がアクションを起こし実践すること，つまり学生たちが社会的な課題の解決を目指すキャリアを選ぶことを，また研究者が新たな研究の種を見つけること，そして世界的に名高い技術をもつ日本の産業界がソーシャル・ビジネスへの関与を広げることを希望します。それが小さなスタートであったとしても，そこにはすべての人々にとって，よりよい世界をつくるための可能性があるのです。

ムハマド・ユヌス

グラミン銀行創設者
2006年ノーベル平和賞受賞者

まえがき

　ソーシャル・ビジネスとは，社会的な課題をビジネスの手法により解決に導く活動のことである。ソーシャル・ビジネスは通常のビジネスとは異なり，利潤最大化を目的としない。ソーシャル・ビジネスの目的はあくまで社会的な課題の解決である。そのうえでソーシャル・ビジネスが慈善事業ではなく有償で商品やサービスを提供することは，対価を払い利益を受け取る相手に尊厳を与え自立を促すことにつながる。

　本書のタイトルは『グラミンのソーシャル・ビジネス』である。バングラデシュのグラミン銀行，そしてグラミン・グループが実践するグラミン方式のソーシャル・ビジネスである「ユヌス・ソーシャル・ビジネス」とは何かを学ぶ。グラミン方式のソーシャル・ビジネスにはグラミン銀行創設者であるムハマド・ユヌス氏のグラミン哲学が刻み込まれ，グラミン方式ならではの独自性が存在する。ユヌス・ソーシャル・ビジネスは端的に言うと，利他心によるビジネスであり，「損失なし，配当なしの会社」と表現できる。

　ムハマド・ユヌス氏は，ソーシャル・ビジネスを新しい資本主義の形と定義する。現在の資本主義における経済理論の構造的な欠陥を認め，利己心と利他心を併せ持つ多次元的な人間像を取り入れることが必要だと述べる。人間は利己心だけではなく，利他心で行動することができる存在でありながら，これまでの経済理論ではこの考え方は欠落していた。その欠けていた利他心によるビジネスこそ，ユヌス・ソーシャル・ビジネスである。

　ソーシャル・ビジネスに求められる三つの要素は，社会利益性，経済利益性，創造性である。これは一般的なソーシャル・ビジネス，そしてユヌス・ソーシャル・ビジネスでも同様である。社会利益性とは，ソーシャル・

ビジネスは社会的な課題の解決をおこない，社会利益の最大化を目指すことを意味する。次の経済利益性とは，ソーシャル・ビジネスを継続するための十分な収益を確保することである。最後に創造性である。ソーシャル・ビジネスには，イノベーションを起こしこれまで社会に存在しなかった新たなビジネスモデルの創造が求められる。人間の創造性はイノベーションの源泉といえる。ソーシャル・ビジネスに挑戦する社会起業家は，この三つの要素に挑戦する必要がある。

　ここで本書の構成を説明する。まず第1章は，ソーシャル・ビジネスについての概念の理解をおこなう。一般的なソーシャル・ビジネスの意味を確認し，コミュニティ・ビジネス，CSR（企業の社会的責任），BOPビジネス，または国際開発協力などの視点からソーシャル・ビジネスに向けられた視線について整理をおこなう。続いてグラミン方式のソーシャル・ビジネスである「ユヌス・ソーシャル・ビジネス」についてソーシャル・ビジネス7原則を確認しながら，一般のソーシャル・ビジネスとの差異についても理解を深める。

　第2章では，グラミン方式のソーシャル・ビジネスを生み出した源流であるグラミン銀行について，誕生の経緯からその後の事業の拡大，そして国際的な展開，さらに事業の多角化にいたる発展段階について歴史を追って説明する。次に2節では，グラミンフォンとグラミン・テレコム，そしてグラミン・テレコムが実施するヴィレッジ・フォン・プログラムについて述べ，ICT（情報通信技術）のなかでも特に携帯電話を使用した女性の経済的自立促進のプログラムについて説明する。3節ではグラミン銀行が多角化しグラミン・グループを形成するなかで，農村部のエネルギー需要に対応すべく設立したグラミン・シャクティを紹介する。グラミン・シャクティは農村部で太陽光発電などの再生化可能エネルギーの供給に取り組むソーシャル・ビジネスをおこなっている。4節ではグラミン・ヘルスケア・サービスについて説明する。誰しもが利用することができる保健医療サービスの提供をおこなっている。第2章の最後となる5節では，農村部で日

用品の訪問販売をおこなうグラミン・ディストリビューションについて解説する。

　第3章では，グラミン・グループと海外企業が合弁企業を設立することでソーシャル・ビジネスに取り組む事例を紹介し，ソーシャル・ビジネスがどのようなビジネスモデルに基づき経営されているか分析する。1節のグラミン・ダノン・フーズはフランスの食品関連企業であるダノンとの合弁企業で，栄養を強化した低価格のヨーグルトを販売することで子供たちの栄養改善に貢献している。2節のグラミン・ヴェオリア・ウォーターは，水関連企業のヴェオリア・ウォーターとの合弁企業である。農村部に安全な飲み水を提供する事業に取り組んでいる。3節のグラミンユーグレナは，日本では有名な企業であるユーグレナとの合弁企業である。緑豆の生産を通した農村部の人々の所得向上と栄養改善に取り組む。第3章では，この他にグラミンユニクロ，グラミン・インテル，BASFグラミンなどについても紹介する。

　第4章では，グラミン銀行をはじめグラミン・グループが取り組んできた社会開発の経験をグラミン・モデルとしてバングラデシュ以外の国に応用している事例を二つ紹介する。まず1節のグラミン・アメリカは，その名前の通りグラミン銀行のアメリカ版と表現できる。ニューヨークを拠点にアメリカ全土に活動を拡大しており，先進国アメリカの巨大都市に暮らす貧困層の人たちを対象にマイクロクレジットを提供している。グラミン・アメリカはソーシャル・ビジネスとして事業をおこなっている。2節ではアフリカ大陸の東部に位置するウガンダ共和国で実施されたグラミン財団AppLabのプロジェクトを紹介する。これはアメリカのワシントンDCに本部を置くグラミン財団が，アフリカの国々で実施している実験プロジェクトの一つである。グラミン財団の資金をもとにしてプロジェクトを実施するため，ソーシャル・ビジネスではない。しかし，マイクロクレジットとICT（情報通信技術）の組み合わせをグラミン・モデルとして応用することで，ウガンダや他のアフリカ諸国の人々の経済的な自立支援や小

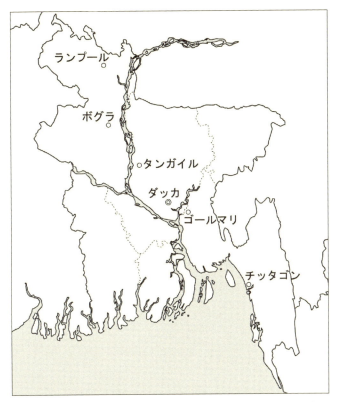

バングラデシュの地図（本書に登場する地名を記している）

規模なビジネスの起業を支援するグラミン・グループらしいプロジェクト内容である。

　このように本書では，グラミン銀行の誕生からグラミン・グループの形成，近年の合弁企業設立の動向，さらにはバングラデシュ以外の国でのグラミン・モデルを応用した活動の事例を把握することができる。これらの事例について読み進めることで，グラミン方式のユヌス・ソーシャル・ビジネスの本質について把握することができるだろう。

　グラミン銀行をはじめとするグラミン・グループでは，社会的な課題を解決するためのイノベーション，つまりソーシャル・イノベーションを起

こし，新たなビジネスモデルを創造している。そのうえでビジネスモデルを単なるアイデアに留めることなく，実際に事業をおこなうソーシャル・ビジネスとして社会に投入している。日本には高い技術力を持ち高品質なサービスを提供できる企業や非営利組織が多く存在している。しかし革新的なアイデアを生み出したとしても，そのアイデアを十分な収益を見込めるビジネスモデルに展開することを想定しておらず，さらにはプロトタイピングをおこない現実社会のなかで実践することを苦手としている。本書を読み進め「グラミンのソーシャル・ビジネス」に触れることで，日本の企業や非営利組織がソーシャル・イノベーションにより創造した革新的なアイデアを，ソーシャル・ビジネスとして社会に投入し実践するためのヒントを見つけ出して欲しい。

グラミンのソーシャル・ビジネス
世界の社会的課題に挑むイノベーション
● 目次 ●

序文［ムハマド・ユヌス］►3

まえがき►4

第1章
ソーシャル・ビジネスとは何か

1　ソーシャル・ビジネスの概念
►14

2　社会的企業，コミュニティ・ビジネス，企業のCSR活動
►18

3　BOPビジネスと国際開発協力におけるSDGs（持続可能な開発目標）
►22

4　グラミン方式の「ユヌス・ソーシャル・ビジネス」
►30

> ソーシャル・ビジネスと大学の役割
> 安浦寛人►37

第2章
グラミン銀行とグラミン・グループ

1　グラミン銀行
貧しい人々のための銀行
►40

2　グラミンフォンとヴィレッジ・フォン・プログラム
農村部にも携帯電話サービスを
►52

3　グラミン・シャクティ
再生可能エネルギーの供給
►60

4 グラミン・ヘルスケア・サービス
誰もがアクセスできる保健医療サービス
▶ 68

5 グラミン・ディストリビューション
農村部のラストワンマイル物流を担う訪問販売
▶ 74

第3章
バングラデシュでの合弁企業

1 グラミン・ダノン・フーズ
栄養強化ヨーグルトの製造販売
▶ 82

2 グラミン・ヴェオリア・ウォーター
安全な水の供給
▶ 93

3 グラミンユーグレナ
緑豆による所得向上と栄養改善
▶ 103

4 合弁企業の広がり
▶ 115

第4章
グラミン・モデルの世界への展開

1 グラミン・アメリカ
アメリカ版グラミン銀行の活躍
▶ 120

2 ウガンダのグラミン財団 AppLab プロジェクト
携帯電話で農業情報の流通促進
▶ 135

3　ソーシャル・ビジネスの広がり
▶ 148

参考文献　▶ 152

あとがき　▶ 156

第1章
ソーシャル・ビジネスとは何か

第1章 ソーシャル・ビジネスとは何か

1 ソーシャル・ビジネスの概念

▷社会的課題をビジネスの手法で解決する

　はじめにソーシャル・ビジネスという概念を整理し，ソーシャル・ビジネスとは何かについて理解する。本書のタイトルは「グラミンのソーシャル・ビジネス」であり，一般的に用いられる広義のソーシャル・ビジネスとグラミン方式である「ユヌス・ソーシャル・ビジネス」を区別する。ユヌス・ソーシャル・ビジネスは，広義のソーシャル・ビジネスに含まれる概念ではあるが，そこにはグラミン銀行やグラミン・グループを創設したムハマド・ユヌス氏の哲学が刻み込まれている。ユヌス・ソーシャル・ビジネスは，人間が持つ利他心，つまり自分自身の利害ではなく他人の利益になるよう図る心に基づいておこなわれるビジネスである。ユヌス・ソーシャル・ビジネスには「ソーシャル・ビジネス7原則」があり，グラミン方式ならではの特徴を見ることができる。

　本節では，まず一般的なソーシャル・ビジネスの概念を整理する。その後の節では，ソーシャル・ビジネスと近接する領域における，企業などの事業主体がおこなう活動とソーシャル・ビジネスとの関係について論じる。そして最後の4節でグラミン方式のソーシャル・ビジネスであるユヌス・ソーシャル・ビジネス「ソーシャル・ビジネス7原則」について解説をおこない「ソーシャル・ビジネスとは何か」，「何がソーシャル・ビジネスではないのか」の理解を深める。

　ソーシャル・ビジネスは，社会的な課題をビジネスの手法により解決に導く活動である。ソーシャル・ビジネスはあくまでビジネスの一つの手法と表現できる。ただしその目的は社会的な課題の解決であり，利益の追求を最優先に設定することはない。社会的な課題とは，貧困や栄養状態，保

健医療，女性のエンパワーメント，子育て，障害者，コミュニティ開発，エネルギー，水，環境などと多岐にわたる。これらは政府や公的機関が税金を使い政策的に対策を講じてきた分野である。しかし政府を通した対策のみでは，多様な社会ニーズを満たすことが難しく，また場合によっては政府の活動が著しく非効率で，対策のスピードが遅すぎる場合がある。政府の取り組みが不十分な分野は，NPO（Non Profit Organization，非営利組織）やNGO（Non Governmental Organization，非政府組織）の出番となる。広義のNPOにはボランティア団体も含まれ，活動は寄付金に依存する慈善事業として遂行される。いかに素晴らしい慈善事業であっても，資金を使い切ると終了することになる。慈善事業のみを手段としていては，社会的な課題への対応を自律的かつ継続的におこなうことができない。そこで社会的課題の解決を目指し社会利益を追求しながらも，収益事業をおこなうことで経済利益を確保し，継続的な活動をおこなうことが可能なソーシャル・ビジネスが求められるのである。

▷ソーシャル・ビジネスの三つの要素

　ソーシャル・ビジネスに求められる三つの要素をまとめると，社会利益性，経済利益性，そして創造性である。ソーシャル・ビジネスにおける社会利益性とは，ソーシャル・ビジネスは社会的な課題解決をおこない社会利益の最大化を目的とすることを意味する。一般の企業がおこなうビジネスでは経済利益が優先され，利潤最大化を目指し経営をおこなう。それとは異なりソーシャル・ビジネスでは社会利益を優先する。経済利益を減らせば社会利益を増大できることが明らかな場合，ソーシャル・ビジネスでは経済利益を減らすという判断を経営者はおこなう。

　次に経済利益性である。言い換えると事業性や収益性のことである。経済利益が十分に得られることは事業の継続性を担保することになる。ソーシャル・ビジネスは慈善事業ではなくあくまでビジネスであり，ソーシャル・ビジネスに取り組む企業などの事業主体はゴーイング・コンサーンと

して経営を続ける。ソーシャル・ビジネスにおける経済利益を確保することは，社会利益を最大化させるための手段にすぎないことを理解しておく必要がある。

さらにソーシャル・ビジネスにおける経済利益の確保には，通常のビジネスとは異なるもう一つの意味がある。一般の企業がビジネスをおこなうマーケットから十分な収益を上げられない場合は倒産し，マーケットから退場することになる。多くの場合，そのマーケットには代替品が存在しており，より高い価値を消費者に提供している企業が生き残っている。しかし，ソーシャル・ビジネスの場合，貧困などの社会的に困難な状況におかれている人々にとって，ソーシャル・ビジネスとして供給される商品やサービスは選択肢のない唯一の存在であることが多い。ソーシャル・ビジネスにおいてそれをおこなう企業が活動停止することは，人々の生活環境をソーシャル・ビジネスの商品やサービスが供給され始める前よりもさらに悪化させる懸念がある。

三つ目の要素は，創造性である。創造性はすべてのイノベーションの源泉である。ソーシャル・ビジネスは，これまで存在しなかったビジネスモデルを考案し，実際に事業を起こす。社会利益を最大化するためのソーシャル・イノベーションにより革新的な方法で価値創造をおこない，商品やサービスを継続して供給し続ける。もし社会利益性を意識する必要がなく，収益性が高い事業が実施できるマーケットであれば，一般の企業が参入済みのはずである。ソーシャル・ビジネスは，既存のビジネスが成立困難なマーケットを開拓する存在である。そのため，旧来の考え方に縛られることなく，社会の在り方を一変させるような新規の発想を生み出す創造性が極めて重要となる。グラミン・グループには，「グラミン・クリエイティブ・ラボ」という組織がドイツを本拠地として活動している。グラミン方式のソーシャル・ビジネスでは，クリエイティブ，つまり人間の創造性を社会的な課題解決における最も重要な資源としてとらえている。

創造性から生み出されるグラミン・グループのソーシャル・イノベーシ

ョンについて，ムハマド・ユヌス氏の言葉を短く引用する。ムハマド・ユヌス氏はグラミン銀行について，「一般の銀行のやり方をよく見て，あらゆることを逆にしてみた」と表現している。一見すると非常に簡単でシンプルなこの言葉は，常識にとらわれず新しい価値の創造にのぞむソーシャル・イノベーションそのものである。

2
社会的企業, コミュニティ・ビジネス, 企業のCSR活動

▷社会的企業と社会起業家

　本節では,ソーシャル・ビジネスに類似する概念の整理,およびソーシャル・ビジネスとの比較,またソーシャル・ビジネスに期待を向ける各種業界の動向について説明する。一般的なソーシャル・ビジネスという用語は広義に用いられ曖昧であるため,この整理のプロセスが必要となる。それらの把握を通して,ユヌス・ソーシャル・ビジネスの明確な定義における「ソーシャル・ビジネスとは何か」そして「何がソーシャル・ビジネスではないのか」についての理解を深める。

　本節で説明をおこなうのは,社会的企業(ソーシャル・エンタープライズ)である。また社会的企業を起業しようとする人物を社会起業家(ソーシャル・アントレプレナー)という。この文脈においては,社会的企業がおこなう収益事業をソーシャル・ビジネスと呼ぶ。同時に,社会的企業そのものをソーシャル・ビジネスと表現することもある。

　社会的企業は,社会的な課題解決を収益事業の手段として採用する事業体である。事業主体は企業であるため,あくまで企業の経営ルールに従う必要がある。そのため社会的な課題解決に取り組みながらも,通常の企業と同じく利潤最大化を目指し,利益の配当をおこなう。実際には,社会的企業を名乗り経営をおこなっている企業において,利潤最大化ではなく社会利益の追求を経営の目的として掲げている事例が見受けられる。しかし本書での議論においては,社会的企業を企業として分類する。

　また,社会的「企業」と表現しているが,NPOやNGO,社団法人や財団法人といった非営利の法人格を持つ組織が事業主体となる場合がある。本来これは「事業型NPO」として分類すべきである。事業型NPOについ

ては後述する。非営利の事業主体が社会的企業として実施するソーシャル・ビジネスは、「有償で商品やサービスを提供する事業」を指し、組織運営に十分な収益を生み出しているのかは別問題である。多くの場合、これら事業主体はソーシャル・ビジネスをおこなっても、組織の運営経費のすべてをまかなうことはできない。寄付や助成金、また会費収入を加えてはじめて経済的な継続性を確保している。この場合のソーシャル・ビジネスとは、事業主体による慈善活動の一部を構成する役割に留まる。

　また、社会的企業をソーシャル・ビジネスと関連させ議論する場合に注意を払うべき要素がある。協同組合のような「共益」的な利益追求をおこなう活動を実施する事業主体を社会的企業と称する場合がある。共益的な活動とは、組織の会員同士の相互交流や支援といった、会員のみに共通する利益を図る活動である。ソーシャル・ビジネスは共益ではなく「公益」に資する活動をおこなうため、社会的企業といえども共益を図る活動のみをおこなうのであれば、それはソーシャル・ビジネスではない。

▷コミュニティ・ビジネスと事業型NPO

　次にコミュニティ・ビジネスについて説明する。コミュニティ・ビジネスは、「ソーシャル・ビジネス／コミュニティ・ビジネス」のように併記されることが多い。これは経済産業省や行政機関による報告書などで併記されているため、コミュニティ・ビジネスに取り組む組織や、それを支援する中間支援組織でもそれにならい使用される例が多い。経済産業省では中小企業や地域経済産業育成の一環として、コミュニティ・ビジネスやソーシャル・ビジネスの支援事業をおこなっている。

　そもそもコミュニティ・ビジネスという用語は、1999年に細内信孝による書籍『コミュニティ・ビジネス』が出版され、2000年頃から定着したとされる。経済産業省のウェブサイトでは「地域社会の課題解決に向けて、住民、NPO、企業など、様々な主体が協力しながらビジネスの手法を活用して取り組むのが、ソーシャルビジネス／コミュニティビジネス」と定義

している。コミュニティ・ビジネスはソーシャル・ビジネスに包括される概念とされ，そのうえでコミュニティ・ビジネスは，ソーシャル・ビジネスのように社会全般を対象とするのではなく，地域やコミュニティに特有の課題に対応するため地域住民が主体的に事業運営に参画することを前提とする。

コミュニティ・ビジネスを営む事業主体は社会的企業と同様であり，企業やNPOなど幅広い。そのなかでもNPOが多くの割合を占めている。NPOの多くが地域やコミュニティ密着の活動をおこなっている。そのためNPOが有償で実施する事業のことをコミュニティ・ビジネスと表現することが多い。コミュニティ・ビジネスはNPOの事業化促進と関連が深く，NPOが寄付や会費収入のみに頼らず収益事業をおこない「事業型NPO」となることが，自律的かつ継続的な事業運営を実現するために必要な選択である。しかし，事業型NPOが組織運営に必要な経費を収益事業でまかなうことできない場合，ビジネスではなく慈善事業の一部と認識する方が正確である。また，事業型NPOでソーシャル・ビジネスおよびコミュニティ・ビジネスを起業する人物のことも，社会的企業の場合と同様に社会起業家と表現する。

▷ **CSR（企業の社会的責任），CSV（共有価値の創造），ソーシャル・マーケティング**

社会的企業ではない一般の民間企業では，ソーシャル・ビジネスを企業価値の向上に利用する戦略を採用する場合がある。企業にとって消費者だけではなく投資家や地域社会など幅広い関係者との良好な関係を保つことは企業価値を高めるうえで不可欠であり，CSR (Corporate Social Responsibility, 企業の社会的責任) として取り組まれている。CSRには企業統治や企業コンプライアンスからフィランソロピーなど様々な要素が含まれており，企業にとってはリスク対策として不可欠な活動である。これまでCSRについては収益とは関係ない慈善事業への寄付やチャリティー，メ

セナ活動，フィランソロピーの内容が強調されることが多かった。しかし近年になって，CSRを事業戦略の視点から実施しようとする企業が増加している。そこには2種類のCSR戦略が存在する。一つ目は，チャリティーのような慈善事業にCSRの予算を支出したとしても予算を使い切ってしまうと事業は終了してしまうため，CSRの予算を持続可能な形式で運用することを目指す戦略である。二つ目は，本業とは関係のない事業に対してCSR予算を支出するのではなく，本業を通して社会的な課題解決をおこなうことで本業の事業価値を直接高めるCSRを実施する戦略である。第3章で紹介する「グラミンユニクロ」というバングラデシュでの合弁企業の事例は，日本企業であるユニクロのCSRとして位置づけられている。そのうえで「服を通じて世界を良い方向に変えていく」とし，本業を通したCSRをおこなっている。このような事業戦略の視点から見た戦略的CSRは，CSV（Creating Shared Value，共有価値の創造）という新しい概念として企業戦略のなかに取り込まれている。社会的な課題解決と企業の競争力の向上を同時に目指し，企業と社会の双方に価値を生み出すことから，CSVを採用する企業にとってはソーシャル・ビジネスを強く意識した戦略形成がおこなわれることになる。

　企業にとって社会との関わりを重視し，社会的な課題解決や社会貢献をソーシャル・マーケティングとして展開することは，もはや当たり前の取り組みとなっている。マーケティングは製造志向から販売志向，顧客志向（マーケティング志向）を経て，社会志向へと変遷した。この社会志向のマーケティングのことをソーシャル・マーケティングと称する。また，フィリップ・コトラーらが書籍『コトラーのマーケティング3.0』で示した定義でも，3.0にバージョンアップしたマーケティングの目的は，世界をより良い場所にすることであると述べ，これまでの顧客とステークホルダー（利害関係者）という対象だけではなくグローバルな社会的課題に対応する必要性を説いている。このように企業のマーケティングにおいてもソーシャル・ビジネスのコンセプトを取り込む動きが当たり前となりつつある。

3
BOPビジネスと国際開発協力におけるSDGs（持続可能な開発目標）

▷ **BOPビジネスとBOPペナルティ**

　本節では，ソーシャル・ビジネスと関係の深いBOPビジネスという概念の説明をする。その後に，国際開発協力からソーシャル・ビジネスに向けられた視点について整理する。

　BOPビジネスは，ソーシャル・ビジネスと類似のものとして語られることが多い概念である。BOPとはBase of the Pyramidの略であり，所得階層を構成する「経済ピラミッドの底辺層」を意味する用語である。つまり所得階層の最も下に位置する貧困層を指す。2005年日本語版が出版されたC.Kプラハラードの書籍『ネクスト・マーケット』では，BOPは一日2ドル以下で生活する人々を指し世界の40億人がこの所得階層に属する。このBOPをビジネスのターゲットとしてとらえ，開発途上国で新しい事業を展開する「BOPビジネス」をおこなう企業の動きが加速している。

　BOPビジネスはあくまで利潤最大化を目指す通常のビジネスであり，これまで対象とされてこなかった貧困層をマーケットとして開拓する戦略に新規性がある。そのため企業は本業の中核事業として競争力のあるビジネスをおこなう。BOPという用語自体は，世界の人口を所得階層で区分しただけのものであり，この用語に良し悪しといった意味合いは含まれていない。企業が事業をおこなう場合は，BOPは単なるマーケット区分の一つを意味するにすぎない。BOPは人口約40億人とすると，これを単一マーケットとしてとらえるには大きすぎ，企業がBOPビジネスに参入するにはBOP全体のなかにマーケット・セグメンテーションをおこなうことが必要である。

　BOPに属する人々は，貧しいがゆえに教育や保健医療サービスを含めあ

らゆる商品やサービスへのアクセスが困難など様々な不利益を被る。これを「BOPペナルティ」という。BOPペナルティの解消をおこないBOPのニーズを満たすことがBOPビジネスの最初のステップとなる。BOPビジネスでは，BOPペナルティの解消を経て，BOPの所得向上と経済的な自立を目指す。ここからもわかるように，BOPビジネスはむしろソーシャル・ビジネスに近い存在として扱われている。例えばJICA（Japan International Cooperation Agency，国際協力機構）が示しているBOPビジネスの認識は，「開発途上国の貧困層および社会や開発プロセスから除外されている状態にある人々が抱える様々な課題に改善をもたらしうるビジネス」としている。この定義で説明されるBOPビジネスは，経済利益の最大化を目指す従来の企業が実施するビジネスであると同時に，一般的なソーシャル・ビジネスと近い存在といえる。

ソーシャル・ビジネスにとってもBOPを顧客ターゲットとすることが大半であり，本書で紹介するグラミン・グループの主な顧客は貧困層，つまりBOPである。しかし，ソーシャル・ビジネスの顧客となるのは，開発途上国のBOPだけではなく，第4章で紹介するグラミン・アメリカの事例のように先進国であるアメリカや日本なども含む。またソーシャル・ビジネスが供給する商品やサービスから便益を受け取る対象はBOPに限定されるものではなく，あらゆる所得階層の人々を対象とする。

▷ BOPビジネス3.0への展開

BOPの議論の展開の経緯を見ると，これまで相手にされることなく未開拓だったBOPというマーケットからどのように富を「発見」するのかが初期の主題として論じられてきた。この段階はBOP 1.0と区分される。BOPを顧客として認識することに成功し，新たなBOPのマーケットからどのように企業が商品やサービスを販売し，収益をあげるのか議論がおこなわれた。初期のBOPビジネスの議論においては，貧しい人々を対象にして企業がビジネスをおこなう行為に対して厳しい意見も少なくなかった。

その後，BOPビジネスの議論は「BOP2.0」へと移行した。そこではBOPを単なる顧客としてではなくパートナーとして認識し，BOPの人々や現地のNPOやNGOといった民間の非営利組織とのパートナーシップを構築しながら，BOPと共同で富を「共創」するとしている。BOP2.0では，BOPの人々を包括的（インクルーシブ）にBOPビジネスのバリュー・チェーンに取り込んでおり，初期に見られたBOPビジネスに対する批判や誤解へ対処した概念となっている。その後，BOPビジネスの議論は「BOP3.0」へと進化している。BOP2.0までは企業が単独でビジネスをおこなうことを想定した概念であった。BOP3.0では「共創」を押し広げオープン・イノベーションを目指し，組織単独の活動ではなく複数のパートナーが協力しビジネスのエコシステムを形成するとしている。

▷貧困ビジネスの意味するもの

　BOPビジネスとの関連において，日本で用いられる「貧困ビジネス」について言及しておく。貧困ビジネスは，ソーシャル・ビジネスとは対極にある存在である。ターゲットを貧困層つまりBOPとする点においては，貧困層ビジネスとBOPビジネスは同じである。しかし，貧困ビジネスは貧困の解消やBOPペナルティの緩和を目的とせず，貧困状態を固定化もしくは悪化させることで貧困層から利益を得る。

　第2章で紹介するグラミン銀行は，貧しい人々を対象に少額融資をおこなうソーシャル・ビジネスである。その対極にあるのは高利貸しである。高利貸しは，貧しい人々を借金が完済できず常に高い金利を払い続ける奴隷のような存在として固定化することで継続的に利益を得る典型的な貧困ビジネスである。制度化されたビジネスによる商品やサービスの提供が貧困層の人々に行き届かなければ，高利貸しのようなインフォーマルセクターの貧困ビジネスがはびこることになる。

▷**国際開発協力とインクルーシブ・ビジネス**

　ここからは国際開発協力，インクルーシブ・ビジネス，そしてSDGs（Sustainable Development Goals，持続可能な目標）とソーシャル・ビジネスの関係について論じる。国際開発協力は国連による多国間，もしくは日本のJICAのように二国間の枠組みで国際機関がプロジェクトを実施してきた。開発分野における国際社会共通の目標として，MDGs（Millennium Development Goals，ミレニアム開発目標）があった。MDGsは2000年9月，ニューヨークで開催された国連ミレニアム・サミットで採択された国連ミレニアム宣言を基にまとめられた。MDGsは2015年までに達すべき目標として，貧困と飢餓の撲滅や初等教育の完全普及の達成など八つのゴールを設定していた。現在では，MDGsの後継となる目標としてSDGsが設定されている。SDGsについては後で説明する。

　MDGsの達成に向けて，「インクルーシブ（包括的）・ビジネス」が提唱されるようになった。これまで国際開発協力は援助スキームで実施されてきたが，貧困削減に向けた成果は期待されたほどではなく新たなアプローチが必要とされた。そのアプローチとは「ビジネス」である。これまで国際機関のみが担当してきた国際開発協力の分野にビジネスの手法を導入し，企業などのビジネス・アクターを取り入れようとしている。これは「開発援助よりもビジネスへの投資を」という声にも応えるものである。先に紹介したBOPビジネスについても国連の各機関から新しいビジネスのアプローチとして注目を集めており，BOPビジネスが普及する後押しとなっている。

　インクルーシブ・ビジネスは国連の各機関などにおいて推進されている。そのなかでも世界銀行グループのIFC（International Finance Corporation，国際金融公社）では2005年からインクルーシブ・ビジネスをおこなう企業に投融資をおこなっている。IFCではインクルーシブ・ビジネスを「BOP層を消費者，生産者，流通業者，あるいは小売業者として位置づけ，事業のバリューチェーンに組み込むビジネス」と定義している。またUNDP（United

Nations Development Programme, 国連開発計画）も積極的にインクルーシブ・ビジネスを推進している。UNDP は2010年に「ミレニアム開発目標（MDGs）：全ての人々のためのビジネス」というレポートを発表しており日本語版も発行されている。そのレポートのなかで，インクルーシブ・ビジネスとは「開発途上国の貧困層の人々を消費者，生産者，被雇用者，起業家などとしてビジネスのバリューチェーンに取り込み（＝インクルーシブ／包括的），現地で雇用や商品・サービスを生み出すことによって，貧困層の人々の選択肢の拡大と企業の事業機会の拡大を同時に実現するビジネス」と定義している。そしてインクルーシブ・ビジネスにおけるビジネスモデルを創造することができるのは，ソーシャル・ビジネスのアプローチを取り入れている組織であるとも述べている。また，インクルーシブ・ビジネスの定義は，BOPビジネス2.0との類似性が高く，実際にはインクルーシブ・ビジネスとBOPビジネスは同種のビジネスの形態を表現する用語として使用されることも多い。

　日本の国際協力機関であるJICAは，MDGsやSDGsのような国際社会が掲げる開発目標の達成に向けた支援をおこなっている。そのためインクルーシブ・ビジネスやBOPビジネスを支援するプラットフォームの構築にも取り組んでいる。先に示したようにJICAのBOPビジネスの認識は，ソーシャル・ビジネスに近いものである。JICAでも，ODA（Official Development Assistance, 政府開発援助）がよりスピード感があり効率高く実施できるようにPPP（官民パートナーシップ）による民間ビジネスの技術やノウハウを活かしたインフラ事業の展開や，日本企業による開発途上国でのBOPビジネスの開始を支援する施策をおこなっている。本書の第3章で紹介する「グラミンユーグレナ」という合弁企業を設立するための事前調査には，JICAの支援事業が活用された。

▷**地球規模の課題への対応とSDGs（持続可能な開発目標）**

　MDGsが達成の目標年としたのは2015年である。開発アジェンダの節目

の年となった2015年9月，ニューヨークの国連本部で「国連持続可能な開発サミット」が開催され，そこで「我々の世界を変革する：持続可能な開発のための2030アジェンダ」が採択された。この2030年を目標年度とする開発計画がSDGsである。SDGsはMDGsの後継となる開発計画であり，MDGsで十分には成果を上げられなかった課題の解決に向けて「誰も置き去りにしない」世界の実現のために，17の目標と169のターゲットを設定している。

【SDGsの17の目標】
目標1：あらゆる場所で，あらゆる形態の貧困に終止符を打つ
目標2：飢餓に終止符を打ち，食料の安定確保と栄養状態の改善を達成するとともに，持続可能な農業を推進する
目標3：あらゆる年齢のすべての人々の健康的な生活を確保し，福祉を推進する
目標4：すべての人々に包摂的かつ公平で質の高い教育を提供し，生涯学習の機会を促進する
目標5：ジェンダーの平等を達成し，すべての女性と女児のエンパワーメントを図る
目標6：すべての人々に水と衛生へのアクセスと持続可能な管理を確保する
目標7：すべての人々に手ごろで信頼でき，持続可能かつ近代的なエネルギーへのアクセスを確保する
目標8：すべての人々のための持続的，包摂的かつ持続可能な経済成長，生産的な完全雇用およびディーセント・ワークを推進する
目標9：レジリエントなインフラを整備し，包摂的で持続可能な産業化を推進するとともに，イノベーションの拡大を図る
目標10：国内および国家間の不平等を是正する
目標11：都市と人間の居住地を包摂的，安全，レジリエントかつ持続可

能にする

目標12：持続可能な消費と生産のパターンを確保する

目標13：気候変動とその影響に立ち向かうため，緊急対策を取る

目標14：海洋と海洋資源を持続可能な開発に向けて保全し，持続可能な形で利用する

目標15：陸上生態系の保護，回復および持続可能な利用の推進，森林の持続可能な管理，砂漠化への対処，土地劣化の阻止および逆転，ならびに生物多様性損失の阻止を図る

目標16：持続可能な開発に向けて平和で包摂的な社会を推進し，すべての人々に司法へのアクセスを提供するとともに，あらゆるレベルにおいて効果的で責任ある包摂的な制度を構築する

目標17：持続可能な開発のための実施手段を強化し，グローバル・パートナーシップを活性化する

（出所：国際連合広報センターウェブページ）

　これらSDGsで設定された17の目標は，前身となるMDGsに比べて企業や市民社会の役割がより重視された内容になっている。雇用や産業のイノベーション，生産消費形態の転換にいたるまで，あらゆるセクターとのパートナーシップを構築し，国際社会が目標達成に向けたアクションをおこすことを促している。17の目標は国際社会が設定した地球規模で対応すべき人間社会における課題と表現できる。これらSDGsの目標の達成に向けて企業は中核的な事業を通して貢献を目指すことが求められている。その企業行動指針が国連グローバル・コンパクトが発行した「SDG Compass」である。世界中の企業に対して，将来のビジネスチャンスや企業価値の増強の効果を期待し，投資や経営実践を通して持続可能な開発を推進するように呼びかけている。

　本書で取り上げるグラミン・グループがおこなうソーシャル・ビジネスにおいては，第2章で解説する「グラミン・テレコム・トラスト」の若手

起業家(アントレプレナー)育成のプログラムをはじめ,様々な組織がすでにSDGsに具体的にコミットした活動を実践している。

4
グラミン方式の「ユヌス・ソーシャル・ビジネス」

▷**利他心によるビジネス**

　ここまで一般的に用いられるソーシャル・ビジネスおよび周辺の議論について整理し，解説をおこなった。一般的なソーシャル・ビジネスのなかには，事業主体を継続させるための十分な利益を生み出さず，ビジネスとは表現できないものも含まれている。また反対に，企業が利潤最大化の手段としてソーシャル・ビジネスを利用する戦略をとる場合もある。このように一般的なソーシャル・ビジネスの概念は広範囲の活動をカバーしており曖昧である。そこで本節では，ここまでの一般的なソーシャル・ビジネスについての議論の整理に基づき，グラミン方式のソーシャル・ビジネスである「ユヌス・ソーシャル・ビジネス」とは何かについて理解をおこなう。ユヌス・ソーシャル・ビジネスには「ソーシャル・ビジネス7原則」が存在する。この7原則について順を追い説明と考察をおこなうことで一般的なソーシャル・ビジネスとどのように異なるのかを認識し，「ソーシャル・ビジネスとは何か」，「何がソーシャル・ビジネスではないのか」を把握することができる。

【ソーシャル・ビジネス7原則】
1．ソーシャル・ビジネスの経営目的は，利潤の最大化ではなく，人々や社会を脅かす貧困，教育，健康，情報アクセス，環境といった問題を解決することである。
2．財務的・経済的な持続可能性を実現する。
3．投資家は，投資額のみを回収できる。投資の元本を超える配当はおこなわれない。

4．資本額を返済して残る利益は，会社の拡大や改善のために留保される。
5．環境に配慮する。
6．雇用者に市場賃金と標準以上の労働条件を提供する。
7．楽しむ！

　この7原則はムハマド・ユヌス氏が書籍『ソーシャル・ビジネス革命』に示したものである。経済学者であるムハマド・ユヌス氏は，アメリカで生活した1960年代に，自由な経済の市場（マーケット）が個人を解放し，人々に選択の自由を与えることを目の当たりにした。そこで市場の欠点を補いつつ，自由な経済システムの仕組みを，貧しい人々の生活を向上させるためにもっと利用するべきという発想にいたったことを自伝に記している。7原則の文章のなかには，この発想の誕生からその後のグラミン銀行の創設，そして現在にいたるまで，ムハマド・ユヌス氏がどのようにして社会的な課題と向き合ってきたのか，そのエッセンスが集約されているのである。
　ムハマド・ユヌス氏は，ソーシャル・ビジネスを新しい資本主義の形と定義する。既存の企業をソーシャル・ビジネスが完全に塗り替えてしまうのではなく，新しく追加された資本主義の一つの形態として，その一部を担うことを想定している。ムハマド・ユヌス氏は現在の資本主義における経済理論の構造的な欠陥を認め，利己心と利他心を併せ持つ多次元的な人間像を取り入れることが必要だと述べる。そのため2種類のビジネスの存在が必要であることを説いている。一つ目は利己心による個人利益を追求するビジネス。二つ目は利他心に基づき，他人の利益に専念するビジネスである。人間は利己心だけではなく，利他心で行動することができる存在でありながら，これまでの経済理論ではこの考え方が欠けていた。その欠けていた利他心によるビジネスこそ，ユヌス・ソーシャル・ビジネスである。

第1章 ソーシャル・ビジネスとは何か

図表1-1　ユヌス・ソーシャル・ビジネスと他事業体との比較

　ユヌス・ソーシャル・ビジネスでは，ソーシャル・ビジネスをタイプⅠとタイプⅡの2種類に区分している。タイプⅠは，7原則が適用されるソーシャル・ビジネスである。タイプⅡのソーシャル・ビジネスは，貧しい人々が所有する営利企業のことを指す。直接の所有の場合もあれば，第三者の組織に委任して所有する場合もある。貧しい人々が企業を所有し，その利益が配分されることで貧困の緩和などの社会的な課題の解決につながる。グラミン銀行は約97％の株式をメンバーが保有している。つまり貧しい人たちが所有する銀行であり，タイプⅡのソーシャル・ビジネスである。第2章で紹介するようにユヌス・センターやグラミン・テレコム・トラストでは，若手の起業家（アントレプレナー）支援をおこなっている。そもそもグラミン銀行は少額融資をおこなうことでメンバーのそれぞれが小規模な起業家（マイクロ・アントレプレナー）となることを目指している。ムハマド・ユヌス氏の「我々は雇用を求める者ではなく，雇用を生み出す者だ」（We Are Not Job-Seekers, We Are Job-Givers）という言葉にその趣旨がよく現

れている。グラミン銀行とは規模があまりに違うが，貧しい人たちが自ら企業を所有し経済的な自立を図り，その結果として社会的な課題解決を導くという意味において，小規模であっても起業することはタイプⅡのソーシャル・ビジネスと同義といえるだろう。

▷ユヌス・ソーシャル・ビジネス7原則の特徴

　7原則の項目1に見るように，グラミン方式のユヌス・ソーシャル・ビジネスの目的は，利潤最大化ではなく社会的な課題の解決である。一般的なソーシャル・ビジネスや社会的企業においては，社会的課題の解決を唯一の目標とはせず，事業運営上の手段として認識することがある。企業としての行動原理に従い，社会的な課題解決をあくまで収益事業の手段としてとらえ，その手段を用いて企業の利潤最大化を目指す。これは社会的企業やコミュニティ・ビジネス，BOPビジネス，また企業がCSRやCSVを実行する経営戦略としておこなう一般的なソーシャル・ビジネスにもあてはまる。ユヌス・ソーシャル・ビジネスは社会的課題の解決に挑み，社会利益の最大化を図ることが唯一の目的である。ムハマド・ユヌス氏はユヌス・ソーシャル・ビジネスが一般的なソーシャル・ビジネスや社会的企業の広義の概念に含まれるとしながらも，同時にグラミン方式はそれら既存の概念とは明確に異なると主張する一つの理由はこれである。

　項目2は，事業の持続可能性の実現である。ソーシャル・ビジネスはあくまでビジネスの一形態である。一般的なソーシャル・ビジネスでは，企業ではなくNPOなどの非営利組織が運営主体の場合も多い。その場合，有償での事業はおこなうが事業収入が十分ではなく，組織の経済的な持続性を担保できない場合がある。前節でも述べたように，事業型NPOであっても事業の一部は寄付やメンバーの会費に頼り運営されることが多い。組織を持続的に運用できる収益事業を営むためのビジネスモデルが確立できていない場合，その事業主体はユヌス・ソーシャル・ビジネスには含まれない。ユヌス・ソーシャル・ビジネスは慈善事業ではなく，事業主体は

有償で事業をおこない自立的に活動をおこなう。その結果，利益を受け取る相手，顧客に尊厳を与え自立を促す。慈善事業からの無償の寄付に依存してしまうことなく，対価を払い商品やサービスを受け取る人々は，自主的に市場経済に関わるようになる。

　グラミン方式の独自性を際立たせるのが，3と4の項目である。ソーシャル・ビジネスに投資をおこなった場合，投資家は投資額以上の利益を回収できない。つまりユヌス・ソーシャル・ビジネスは「損失なし，配当なしの会社」といえる。利潤最大化を目指す企業のように投資をして大きなリターンを得ることはできないように定義されている。社会的な利益の追求だけが目的であるため，投資家などの個人が利益をソーシャル・ビジネスの外に持ち出してしまうという考え方はない。ソーシャル・ビジネスから生み出された利益は，すべてソーシャル・ビジネスに還元され，ソーシャル・ビジネスの改善や拡大に使用される。つまり利益は常にソーシャル・ビジネスのなかに留まり，社会利益の最大化に対して貢献を続けるのである。

　これでは利益を求める投資家からの資金を集めることができず，またソーシャル・ビジネスに投資する人はいないのではと考えがちである。これにはいくつかの回答が用意されている。現在でも慈善事業をおこなうための募金には多額の寄付が集められる。NPOに多額の寄付をする人々も存在しており，また近年ではソーシャルインパクト投資のような新しい投資も普及しつつある。すでに人々は，ソーシャル・ビジネスと同じような社会問題を解決するための様々な活動に対して，リターンの有る無しにかかわらず投資をおこなっているのである。ムハマド・ユヌス氏はこのような資金を原資としてソーシャル・ビジネスのファンドや，その先には，ソーシャル株式市場を作ることを提唱している。

　ムハマド・ユヌス氏は，グラミン方式のソーシャル・ビジネスが金銭的な利益を追求したり，所有者に配当を支払ったりすることを目的としない理由を三つ述べている。まず，貧しい人々を相手に利潤最大化の金儲けを

することは非道徳であること。次に，利益追求を明確に除外しなければ，必ず利益が他の目標よりも優先されること。最後に，新しい考え方を養うにはソーシャル・ビジネスを営利企業や慈善事業の世界とは明確に異なる選択肢として定義する必要があることである。しかし，ソーシャル・ビジネスにより貧困層の所得向上と経済的自立をもたらした後，豊かになった人々を対象に企業が利潤最大化の事業を開始することは認めている。同時に，そのような将来の経営戦略を持ちながらソーシャル・ビジネスを開始することを否定していない。

第3章の「グラミン・ダノン・フーズ」で示す事例のように，合弁企業を設立したダノンがソーシャル・ビジネスの基金を創設する場合もある。この基金はソーシャル・ビジネスに対して資金を提供する活躍を展開している。さらにインターネットを通したソーシャル・ファンドやクラウド・ファンディングのような新たな資金調達の手段も誕生している。ユヌス・ソーシャル・ビジネスは明確に一般的なソーシャル・ビジネスとは異なる定義を持つため，実行の障壁となる既存の制度的な枠組みに変革を求める。この障壁を乗り越えるための工夫や努力は，新たなソーシャル・イノベーションを生み出す源泉となる。

次に項目6について説明する。ユヌス・ソーシャル・ビジネスでは金銭的な利益はソーシャル・ビジネスのなかに留まり，外部に持ち出すことはできない。これはソーシャル・ビジネスの収益性が低く，従業員の賃金が低いことを意味するものではない。ソーシャル・ビジネスは十分な収益性が必要であり収入を得ることが必要である。そして従業員には市場の平均相場の賃金が支払われ雇用が安定することで，ソーシャル・ビジネスは真に持続可能な存在となるである。

ここまでソーシャル・ビジネス7原則について項目1から6まで説明することでグラミン方式であるユヌス・ソーシャル・ビジネスについての理解を進めた。残るは項目7「楽しむ！」である。ムハマド・ユヌス氏はソーシャル・ビジネスの概念を示し理想を語るだけではなく，自ら実践しグ

ラミン銀行をはじめとするグラミン・グループを形成した。第2章はユヌス・ソーシャル・ビジネスの起源としてのグラミン銀行から事例の解説を開始し，続けてグラミンフォンやグラミン・シャクティなどのグラミン・グループの組織について説明する。ムハマド・ユヌス氏がどのように「楽しむ！」を実現したのかを確認してほしい。

ソーシャル・ビジネスと大学の役割

九州大学 理事・副学長　安浦 寛人

　グローバル化とフラット化が進む世界のなかで，地球環境や基本的人権および固有文化の持続的な維持を図り，そのなかで，貧困や飢餓の撲滅，教育の充実，人々の健康の維持などの諸課題に取り組むことが人類共通の課題として認識されています。また，先進国における少子高齢化，新興国や開発途上国での人口爆発，宗教や文化の違いによる民族間の対立，通貨制度や産業格差および貿易格差などの経済問題等による種々の利害の衝突も起こっています。さらに，情報通信技術や移動手段の発達により，これまでの地理的な制約が大幅に緩和され，世界規模のビジネスが短時間かつ低コストで展開できる新しい経済社会基盤が実現されました。

　このような世界の潮流のなかで，先進国中心に展開されてきた市場原理を基本とする資本主義経済だけでは，人類共通の課題の解決には繋がらないとの認識から，新しい経済活動の原理や手法が提案されています。ソーシャル・ビジネスは，従来のNPOなどの活動をさらに持続可能な活動とする経済的な方法論として，種々のアイデアが提案され，世界各地で実践されています。特に，情報通信技術（ICT）とそれを支える通信ネットワークの発達は，従来の経済原則を超えた新しいビジネスのあり方を可能とし，新しいソーシャル・ビジネスの進展の大きな原動力となっています。

　ソーシャル・ビジネスは，利潤の最大化を目指す資本主義とは一線を画し，社会的課題の解決を目的とし，しかも持続可能な活動がおこなえる体制を確立することを目指すものです。このような，新

しいタイプのビジネスのあり方については，まだ社会科学的に十分な研究がなされているとはいえませんし，社会的に広く認知されているとはいえません。さらに，その教育に至っては，非常に少数のカリキュラムや教材しか提供されていない状況です。一方で，人々の活動が国境を超えて広がるなかで，若い人々のソーシャル・ビジネスに対する興味や期待はどんどん高まってきています。大学には，このような社会的ニーズに的確に応える義務があり，ソーシャル・ビジネスに関する教育・研究，そして実践の機会を幅広く学生や社会に提供することが求められていると考えます。

九州大学では，2011年10月にユヌス＆椎木ソーシャル・ビジネス研究センター（SBRC:http://sbrc.kyushu-u.ac.jp/）を開設し，2006年のノーベル平和賞受賞者であるムハマド・ユヌス博士を栄誉教授として迎え，ユヌス博士の提唱するソーシャル・ビジネスを中心に，その教育・研究と実践に取り組んでいます。総合大学の強みを活かし，先端技術を用いたソーシャル・ビジネスの創設など，新しい取り組みに挑戦しています。

マレーシアで開催された「グローバル・ソーシャル・ビジネス・サミット」で，ムハマド・ユヌス氏らとともにスピーチをおこなう安浦氏（2013年11月）

第2章
グラミン銀行とグラミン・グループ

1
グラミン銀行
貧しい人々のための銀行

▷**マイクロクレジットの誕生**

　グラミン銀行は1983年にムハマド・ユヌス氏が創設した民間の銀行である。「グラミン」とはベンガル語で農村を意味する。この銀行が開始した業務はバングラデシュや世界の他の国々にそれまで存在した銀行のそれと大きく異なる。グラミン銀行は貧しい人々を対象に無担保で小口融資をおこなう，つまりマイクロクレジットをおこなう銀行である。そして借り手の97％が女性である。現在では，グラミン銀行方式のマイクロクレジットはすでに世界の多くの国に導入されており，開発途上国だけではなく先進国でもその効果を発揮している。本節では，すべてのグラミン・グループの活動の源流となったグラミン銀行の生い立ち，そして事業内容について整理する。そして次にグラミン銀行モデルの世界への普及，その後のグラミン・グループの形成へと順を追って説明する。

▷**小さな一歩から始まったグラミン銀行のプロトタイプ**

　ムハマド・ユヌス氏は，1965年にアメリカへ留学し経済学の博士号を取得した後，そのままアメリカの大学で教職についた。1971年のバングラデシュの独立を機に，祖国へと帰国しチッタゴン大学の教授となった。その後，1974年にバングラデシュを大洪水が襲い，人々が貧しさにあえぐ姿を見るにつれ，経済学の教科書には記載されていない貧困の本当の原因に興味を持つようになった。そこで大学を出て農村の村々を歩き，ジョブラ村で竹細工の椅子を作る女性に出会った。そこでムハマド・ユヌス氏は，彼女がまる一日作業をおこなっても1タカの利益を得ることができていないことを知るのである。バングラデシュの通貨の1タカは，当時の2円程度

である。利益を得られない理由は，竹を仕入れるためにわずか5タカの借金をしていたことだ。このわずかな借金が原因で，女性は作った竹細工をすべて高利貸しに納めることになっていた。この貧困と搾取の悪循環が原因で，彼女の手元にはまったく利益が残らない状態であり，高利貸しの奴隷のような状況に置かれていた。

その後，学生たちとこの村を調査し42名が借金していることがわかった。その総額は856タカであった。そして，42人に856タカを無利子で貸したところ，この全額が返済されてきた。その後も，ムハマド・ユヌス氏は規模を拡大しながら，貧しい人々への融資の実験を繰り返した。グラミン銀行の融資の基本的な仕組みは，この実験をプロトタイプとして確立したものが多い。グラミン銀行の借り手が女性であることも，この実験時期からの経験によるものである。バングラデシュの女性たちは極度に弱い立場に置かれていた。そこで女性への融資を優先しておこない，最低でも50％は女性に貸しだす考えであった。しかし実際には女性たちへの貸し出しの方が，男性への貸し出しよりも遙かに貧困削減の効果が高いことがわかった。

▷常識をくつがえすグラミン銀行のソーシャル・イノベーション

貧しい人にお金を貸しても返済されるという事実をいくら説明しても，政府系銀行の頭取はそろって否定し信用しなかった。それならばと実験を続け，ムハマド・ユヌス氏はチッタゴン大学を休職し，ついに1979年に国営の銀行でグラミン銀行プロジェクトを開始することにした。その後，タンガイルという場所でグラミン銀行プロジェクトは実施され，結果としてムハマド・ユヌス氏のジョブラ村の取り組みの有効性が証明されることになった。

これまでにムハマド・ユヌス氏の前に立ちふさがった問題は多岐にわたる。女性がグラミン銀行でお金を借ることを実現するには，当時のバングラデシュの家族の仕組み，地域社会の仕組みなどと一つ一つ折り合いをつける必要があった。そのため当初は女性の夫，地主，高利貸しをおこな

う資産家,聖職者,政治家,そして政府からすると,ムハマド・ユヌス氏の始めたグラミン銀行プロジェクトは,とても煙たい存在だった。また,グラミン銀行プロジェクトが実施された当時のタンガイルは反体制武装ゲリラが活動しており内戦のような混乱状態であったと記されている。現在のタンガイルの様子からは想像できない社会環境である。このような極限状況のなかでムハマド・ユヌス氏はグラミン銀行プロジェクトを運営したのである。

グラミン銀行プロジェクトで始まったマイクロクレジットというソーシャル・イノベーションは,革新的な金融サービスを貧しい人々に提供する実験に成功した。その成果としてグラミン銀行プロジェクトが導入されると,人々は高利貸しの奴隷としての立場から解放されることになった。これはマイクロクレジットがもたらした大きなソーシャル・インパクトといえる。

これまでの着実な実績を示してもバングラデシュ政府系の銀行はグラミン銀行プロジェクトを信用しなかったため,ムハマド・ユヌス氏は自ら銀行を創設する決心をした。1983年,政府系の銀行で働く理解者の支援を得ながら,担保を取ることなく土地を持たない貧しい人だけを対象としたグラミン銀行が誕生した。グラミン銀行が独立した銀行となった段階では,グラミン銀行の株式の60%を政府が出資していた。政府公認の正式な銀行となったことは前進であるが,できれば「100%借り手による所有」としたいと考えていた。つまり,貧しい人たちがグラミン銀行の株式を所有し,彼らが預けたお金のみで経営できる銀行である。そうすれば,グラミン銀行は完全に独立した民間の銀行として運営が可能となる。その後,1995年には外部の助成金などに頼ることなくグラミン銀行を運用できる経営体質を確立した。つまりこの時期にソーシャル・ビジネスとなったと表現できる。ちょうど,1995年から1998年にかけて日本政府はODA(政府開発援助)の円借款「グラミン銀行による農村開発信用計画」に約30億円を供与した実績がある。バングラデシュには,日本から多額のODAが拠出されてい

写真2-1 グラミン銀行の本店ビル。グラミン・グループの各組織の本部も多く入居する。かつては目立つビルだったが，首都ダッカの経済発展は周辺に新しい高層ビルを出現させつつある。(2015年5月)

るが，グラミン銀行の拡大にも日本のODAは貢献したのである。

　グラミン銀行やマイクロクレジットに関する書籍，論文，レポートは日本でも多く存在しており，マイクロクレジットの実務的な運用方法が詳しく紹介されているものもある。またムハマド・ユヌス氏が執筆した『ムハマド・ユヌス自伝』では，グラミン銀行の生い立ちと初期の運用状況が記述されている。また当時のバングラデシュが向かい合っていた様々な問題を知ることができる。

▷グラミン銀行の仕組みと「グラミンⅡ」への進化

　グラミン銀行の本店は首都ダッカにある。2016年11月には，バングラデシュの全国に2568の支店が存在し，8万1394の村(ユニオン)にサービスを届けている。そこではスタッフが雇用されており，村での雇用を生み出している。借り手の数は890万人，その97％が女性である。返済率は97％以上を保持している。現在，グラミン銀行が貸し出しに用いる資金は，その100％がメンバーの預金を原資としている。グラミン銀行はメンバーが株式を所有し，貧しい人々によるグラミン銀行への預金を事業の原資とする銀行なのである。もちろんグラミン銀行に預けた預金には利子が付き，8.5％から12％程度である。

　グラミン銀行で少額融資を受けるには，まず女性が5名集まり研修を受

第2章 グラミン銀行とグラミン・グループ

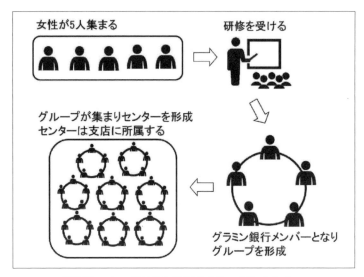

図表2－1　グラミン銀行のグループとセンター

けた後にグラミン銀行のメンバーとなる。少額融資を受けるには5名グループが必要であり，「グループ貸出方式」と呼ばれる。担保は必要ない。融資を受ける目的は，なんらかの小規模なビジネスのためであることが求められる。つまりメンバーにマイクロ・アントレプレナーとなることを促すのである。現在，ムハマド・ユヌス氏は「我々は雇用を求める者ではなく，雇用を生み出す者だ」(We Are Not Job-Seekers, We Are Job-Givers) というスローガンを掲げている。これはグラミン銀行が設立した当時から一貫して貫いてきたグラミン哲学である。小規模な事業の事例として，かつてのジョブラ村に見るような竹細工の原料となる竹を買うためであるとか，牛を買い牛乳を売るため，などがある。グループのうち1名が返済できない経済状態に追い込まれそうになると，他の4名が助ける。グループ内部で相互に見守り，助け合い，連帯していく仕組みである。しかしこの5名は融資返済の連帯保証を負うものではない。あくまで返済の責任は個人が単独で負うものであり，他の4名が支払うことは責任とされない。5人のグループが八つ集まると集会所ができる。毎週，メンバーによる集会が開かれ

写真2-2　ムハマド・ユヌス氏がグラミン・プロジェクトを開始したジョブラ村にある集会所。女性たちが手にしているのはグラミン銀行の通帳。(2014年11月)

る。ここに銀行員が参加し，返済がおこなわれる。女性たちはグラミン銀行の支店に出かけていく必要はない。かつての銀行とは反対に，グラミン銀行の支店のスタッフが集会所まで足を運ぶのである。この集会はグラミン哲学に基づいた生活指針といえる「16カ条の決意」をメンバーが読み上げ，貧困から脱出し生活を向上させるための場となっている。また，グラミン銀行では毎週の返済と同時に貯金を積み立てることを推奨している。融資の返済が終わる頃には，グラミン銀行の口座に貯金が残るようになっている。

　少額融資の年利はおよそ16％であり，最高でも20％である。返済期間は1年間である。この金利は日本人の目から見ると高いと感じるかもしれない。グラミン銀行が少額融資おこない，毎週の集会で回収するという方法は非常に手間がかかる。その手間がバングラデシュの国中にグラミン銀行のスタッフの雇用を生み出している。借り手であるメンバーが支払う利子は，この雇用の原資にもなっている。グラミン銀行のメンバーが支払った利子は資本家が外部へ持ち出してしまうのではなく，グラミン銀行がおこなう事業をさらに拡大するために使用される。グラミン銀行をモデルとしたマイクロクレジットはバングラデシュの国内で多くの組織が導入している。そのため，バングラデシュでは地方部の農村においてもBRACやASAといったマイクロクレジットをおこなう組織の支店が存在している。

写真 2-3　チッタゴンの支店で融資の相談をするグラミン銀行のメンバーの女性。融資を受ける時は支店に足を運ぶ。返済は集会所で毎週おこなう。(2014年11月)

　第4章で紹介するグラミン・アメリカでも基本的な仕組みはバングラデシュのグラミン銀行と同じ方式である。ここでいうグラミン銀行の方式とは，2000年から始まった「グラミンⅡ」の方式を指す。バングラデシュでは1998年に大洪水が襲い，グラミン銀行のメンバーの生活，またグラミン銀行の経営にも甚大なダメージを与えた。1983年に設立したグラミン銀行は，当時まだ一般に認知されていなかったマイクロクレジットという金融サービスを普及させるため，メンバーにとっては融通が利かず利用しにくい厳密なルールに基づいて運用されていた。大洪水による被害はグラミン銀行のメンバーが抱えていた不満を表出させることになり，グラミン銀行を新たなルールに生まれ変わらせる契機となった。

　2000年に導入が開始されたグラミンⅡでは，状況に応じて融資の返済期間を借り手が設定できるようになる仕組みなど，これまでよりも少額融資を受ける際に様々な融通が利くようになった。メンバーにとって利用しやすい内容へと進化しており，新たに多くの人々がグラミン銀行のメンバーとなった。2002年にはグラミン銀行はグラミンⅡの方式に完全に移行している。現在，グラミン方式のマイクロクレジットとして認識されている取り組み内容は，すべてグラミンⅡ方式である。また物乞いを対象とした「闘うメンバー・プログラム」も2002年から開始している。

　グラミン銀行では，マイクロクレジットという少額融資を事業の中心と

しながら，メンバーが貯金をすることで資産を形成することを促している。さらに小口の保険や年金，教育や住宅のローンなどの金融サービスを提供する事業もおこなっており，これら全体を「マイクロファイナンス」と呼ぶ。マイクロファイナンスとマイクロクレジットという二つの用語は，実際にはほぼ同じ内容を示す用語として使用されることが多く，グラミン銀行などを一括してマイクロファイナンス機関（MFI, Micro Finance Institution）と表現する。

▷グラミン銀行モデルの国際的な展開

1983年にグラミン銀行が誕生し，その2年後の1985年そして1986年に，ムハマド・ユヌス氏はアメリカで当時アーカンソー州知事だったビル・クリントン氏と妻のヒラリー・クリントン氏と会いグラミン銀行の説明をおこなった。そしてクリントン夫妻はアーカンソー州でグラミン銀行を模した実験的なプロジェクトを実施し，その後もいくつかの地域でプロジェクトがおこなわれた。

アメリカでのこのような動きを含め，世界の多くの国々でグラミン銀行のマイクロクレジットのモデルに学び，導入しようとする取り組みが始まっていた。グラミン銀行には，マイクロクレジットについての情報や運営ノウハウを知るための問い合わせが寄せられていた。そこで，グラミン銀行のモデルを公開する組織として，1989年に非営利組織のグラミン・トラストを設立した。グラミン・トラストでは，マイクロクレジットを運営するために必要となる専門スタッフのトレーニングを実施し，それに必要となるグラミン銀行をモデルとしたプログラムを開発した。これは「国際対話プログラム」という名称で，1991年に開始された。このプログラムに参加した組織のリーダーはグラミン銀行で12日間，実際に業務に関わることでグラミン銀行のマイクロクレジットについて理解する。2014年に開催された66回目のプログラムでは120カ国から参加者が集まった。

その後，アメリカでは1997年にワシントンDCにおいて，最初のマイク

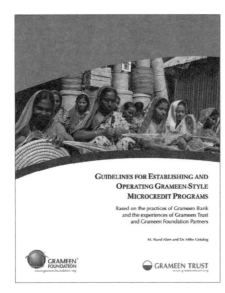

写真2－4　グラミン方式のマイクロクレジットを運営するためのガイドライン。260ページにわたりマイクロクレジットの運用についてのノウハウが集約されている。グラミン財団やグラミン・アメリカのホームページからダウンロードできる。

ロクレジット・サミットが開催され，137カ国から2900人を超える人々が参加し記念すべきイベントとなった。主催したのはリザルツ教育基金である。リザルツとは1985年アメリカで発足した国際市民グループ，つまりNGO（非政府組織）であり政策提言やアドボカシー活動をおこなうことで貧困根絶に向けた国際援助活動を実施している。1987年からリザルツはグラミン銀行の活動のパートナーである。このサミットには当時アメリカ大統領夫人であったヒラリー・クリントン氏や日本の羽田孜元首相も出席した。リザルツ教育基金は2005年を目標にマイクロクレジットの普及に向けたマイクロクレジット・サミット・キャンペーンを展開した。その後，2006年にカナダで開催されたグローバル・マイクロクレジット・サミットでは，新たに2015年を目標年度として世界の最貧困の1億7500万世帯がマイクロクレジットにアクセスできるようにし，また1億世帯が一日1ドルの生活水準を達成することを支援するとした。また国連は2005年を国際マイクロクレジット年とした。グラミン銀行とムハマド・ユヌス氏がノーベル平和賞を受賞する前の年である。

このように世界の貧困対策の普遍的なツールとしてグラミン銀行をモデルとしたマイクロクレジット，もしくはマイクロファイナンスが導入され世界に根付いている。しかし，民間の企業やNGOなどが安易にマイクロクレジットに手を出し，それら組織を運営するための利益確保を最優先とすることで，本来の目的である貧困削減の支援を見失っている事例が報告されている。金利も高く設定されており，これではかつての高利貸しと同じである。マイクロクレジットの名前を使いながら貧しい人々をさらに苦しめるような金貸し業者が存在することを，ムハマド・ユヌス氏は強く非難している。

▷グラミン・グループの形成と合弁企業の誕生

グラミン銀行を筆頭とするグラミン・グループのミッションは，「貧困のない世界を創る」ことだといえる。これはムハマド・ユヌス氏の書籍『貧困のない世界を創る』のタイトルである。このミッションの実現に向けたビジョンを具体化するなかで，マイクロクレジット以外をおこなう組織が設立されグラミン・グループは形成されていった。マイクロクレジットがバングラデシュだけではなく世界中に普及する過程において，グラミン銀行が貧しい人の役に立つ各種の事業に着手したのは必然的な流れであろう。

現在，グラミン銀行が「貧困を脱した」と判断する基準は，次に示す10の指標による。

1. 少なくとも2万5000タカに相当する価値のある家，もしくはトタン屋根を備えた家に住み，床ではなくベッドで寝る。
2. 煮沸をおこない，ヒ素などを含まない安全な水を飲む。
3. 6歳以上の子供は学校に通っているか，小学校を卒業している。
4. 毎週200タカ以上の返済をしている。
5. 衛生的なトイレを使用する。
6. 毎日の使用に適した衣服を着用する。冬にはショール，セーター，毛布などの暖かい衣類を使用し，また蚊帳を持っている。

7．野菜や果物を栽培する畑を持ち，急な支出が必要となる時には臨時の収入源にできる。
8．年間平均5000タカの貯金を維持している。
9．年間を通して空腹に困ることなく，毎日3食を取ることができる。
10．健康を維持する。家族が病気になった場合，適切な医療を受けさせることができる。

　1991年にはグラミン・クリシ財団を設立した。この財団は第3章で紹介する合弁企業「グラミンユーグレナ」のグラミン・グループ側の組織である。この他にも1994年には起業家を支援するグラミン・ファンドや，魚の養殖や家畜の飼育プログラムを実施するグラミン・モーショー・オー・パシューサムパッドを設立，さらにICT（情報通信技術）の分野であるグラミン・テレコムとグラミンフォン，またグラミン・コミュニケーションズなども続く。グラミンフォンについては第2章で紹介する。この他にもグラミン・シャモグリー（織物，手工芸品の製造）や，グラミン・カルヤン（医療，福祉），グラミン・シッカ（教育）などを取り扱う組織が誕生していった。それらの多くは非営利組織であるが，一部は民間の企業として登録されている。現在，グラミン・グループは約50の組織が存在している。
　グラミン・グループが形成されるなか，新たなパートナーシップの誕生が2006年以降に見られようになる。それは海外企業とのジョイント・ベンチャーつまり合弁企業の創設である。すでにグラミンフォンで経験していることではあるが，2006年からは第3章で紹介するようなソーシャル・ビジネスを目的とした合弁企業が誕生している。また，合弁企業をバングラデシュに設立する以外にも，様々な海外企業とグラミン・グループのコラボレーションが模索され，世界中で実際に展開されるようになっている。
　1983年にグラミン銀行を創設したムハマド・ユヌス氏は，2011年に総裁を辞任し，現在はユヌス・センターを拠点として活動している。グラミン銀行には政府の資本が5％残されている。そのため政府は，グラミン銀行

に対して政府の人事規定に従うようグラミン銀行に具体的な介入をおこなうようになった。グラミン銀行は政府の銀行ではないのだが，政府の指導に従わないことでグラミン銀行のメンバーに不利益が出ることを避けるため，ムハマド・ユヌス氏は総裁を辞任する判断をした。現在，ムハマド・ユヌス氏が活動の拠点とする「ユヌス・センター」は，2006年のノーベル平和賞受賞の際に作られた事務局が2008年に改名したものである。ソーシャル・ビジネスの普及啓発や研究教育活動の実施，また貧困撲滅に向けた取り組みのアイデアを創造するためのオープン・イノベーションの拠点，そのアイデアを実践するための国際的な人的ネットワークのハブとして活動している。

第2章 グラミン銀行とグラミン・グループ

2
グラミンフォンとヴィレッジ・フォン・プログラム
農村部にも携帯電話サービスを

▷**グラミン銀行による携帯電話事業の開始**

　グラミンフォンというバングラデシュ最大の携帯電話事業者の存在は，グラミン・グループのなかでもグラミン銀行に次いで知られる名前だろう。日本でも書籍『グラミンフォンという奇跡』が出版されており，組織設立と運営の紆余曲折が描かれている。

　グラミンフォンは日本でいうところの NTT docomo のような民間の携帯電話事業者であり1995年に設立された。グラミンフォンと同時に設立された非営利組織のグラミン・テレコムが「ヴィレッジ・フォン・プログラム」という農村部に携帯電話を普及させるプログラムを実施している。固定電話が普及していないバングラデシュにおいて，携帯電話サービスを農村部にも普及させるソーシャル・イノベーションを起こしたのはイクバル・カディーア氏である。ムハマド・ユヌス氏と共同で，グラミン銀行とのシナジー効果を最大限に発揮できるビジネスモデルを創造した。

　本節では，そもそも携帯電話や電気通信事業とは無縁であったはずのグラミン銀行がどのようにしてバングラデシュで最大の携帯電話事業者をグループに持つようになったのか，またヴィレッジ・フォン・プログラムはどのような仕組みであり，いかなるソーシャル・インパクトを持つのかについて述べる。

▷**グラミンフォンとグラミン・テレコム**

　バングラデシュで携帯電話を農村部にまで広げるビジネスを発案し，ムハマド・ユヌス氏に持ちかけたのは，バングラデシュ人のイクバル・カディーア氏である。アメリカへ留学し，アメリカのベンチャー・キャピタル

で働いていた1993年に，祖国バングラデシュでの事業についてアイデアを練り始めた。「つながることは生産性だ」と主張し，農村部にも電話サービスを普及させるためにイクバル・カディーア氏が描いたビジネスモデルは，当時まだ電気通信事業を手がけていなかったムハマド・ユヌス氏の協力を取り付けることに成功した。現在でもバングラデシュは，固定電話はほとんど普及していない。当時，固定電話網が整備されていない農村部に携帯電話サービスを届けることをビジネスとして取り組むなど誰も考えなかった時代である。イクバル・カディーア氏がグラミン銀行の協力を得て，グラミンフォンの設立準備を始めた頃は，ちょうどバングラデシュ政府が携帯電話事業のライセンスの入札をおこなう時期であり，ビジネスを開始する絶好のチャンスであった。最終的にノルウェーの企業であるテレノール，グラミン・テレコム，日本の丸紅，ゴノフォンが出資し，グラミンフォンが誕生した。現在のグラミンフォンは，マーケットシェアの43％を握る巨大企業である。テレノールは，ノルウェーに本社を置き，携帯電話などの無線通信事業を世界各国で展開している企業で，グラミンフォンの株式の61％を保有している。グラミン・テレコムの保有は38％である。グラミンフォンのマークである青い三つ葉のイラストは，テレノールが携帯電話事業を展開している各国の事業者でもシンボル・マークとして使用されている。そのためヨーロッパや東南アジアでも，グラミンフォンと同じマークを目にする。

　グラミンフォンを設立する際に，ムハマド・ユヌス氏はもう一つ別の組織を作ることを勧めた。それが先にも名前を述べた非営利組織のグラミン・テレコムである。ムハマド・ユヌス氏はイクバル・カディーア氏のアイデアによる新規事業を，マイクロファイナンスと携帯電話の二つの道具を組み合わせることで農村部の人々の経済的自立を助けるソーシャル・ビジネスとしたいと考えた。グラミンフォンは携帯電話事業をおこなう民間企業でありソーシャル・ビジネスではない。そこで，農村部への携帯電話サービスの普及をおこなうプログラムを展開するためにグラミン・テレコ

写真2−5　ダッカにあるグラミンフォンの本社ビル。2009年にはバングラデシュで最大の納税企業となった。(2012年6月)

ムを設立し，同時にグラミンフォンの株式を38%保持するようにした。グラミン銀行がグラミンフォンに直接，出資しなかった理由として，政府がグラミン銀行に出資しているためグラミン銀行を介してグラミンフォンの事業に政府が介入することを避けたかった，とムハマド・ユヌス氏は述べている。

　グラミンフォンとグラミン・テレコムの設立は，グラミン銀行にとって携帯電話を代表とする新しい技術を導入するという経験と，海外の企業と合弁企業を設立することでソーシャル・ビジネスに取り組むという経験をもたらした。この経験は，その後のグラミン・グループの展開の基礎を築いたといえる。アメリカのワシントンDCに本部を置くグラミン財団は，マイクロファイナンスと新しいテクノロジーによる貧困削減を掲げている。この考え方の源流もグラミンフォンとグラミン・テレコム設立に見ることができる。

　現在のイクバル・カディーア氏は，アメリカのMIT（マサチューセッツ工科大学）にレガタム・センターという研究所を設立しセンター長を務めている。

▷**ヴィレッジ・フォン・プログラム**

　イクバル・カディーア氏はグラミン銀行の同意を取り付けテレノールと

合弁事業としてグラミンフォンという携帯電話事業者を設立させた。携帯電話事業が成功した一つの要因は「ヴィレッジ・フォン・プログラム」である。このプログラムは，グラミンフォンと同時に設立された非営利組織のグラミン・テレコムが実施している。都市部における携帯電話の利用は，1990年代の後半から世界中で急速に拡大しており，グラミンフォンも順調に成長した。都市部でのグラミンフォンのビジネスの戦略は，日本や欧米の携帯電話事業者のそれと大して差異はない。そして同時に，バングラデシュではヴィレッジ・フォン・プログラムの普及とともに，農村部の貧しい人々にも携帯電話のサービスが拡大していった。携帯電話の通話料金やSMS（テキストのショート・メッセージ）の料金は安価である。これまで個人で情報の交換をおこなうには移動費を支払い，時間を浪費して足を運ぶ必要があった。携帯電話の普及でそれが解消された。携帯電話のサービスは生活になくてはならないツールとしてバングラデシュの全国に根付いた。

　次にヴィレッジ・フォン・プログラムの仕組みを説明する。まず，グラミン銀行でこれまでに少額融資を完済した経験のある女性が，新しくグラミン銀行から融資を受けて携帯電話の端末やSIMカード（電話番号などの情報が記録されたICカード）など一式を購入する。この携帯電話は，ヴィレッジ・フォン・プログラムを実施するグラミン・テレコムから購入する。当然ながら，この携帯電話の事業者はグラミンフォンである。バングラデシュなど多くの国では，日本と異なり携帯電話の料金はプリペイドで先払いである。グラミン・テレコムは，グラミンフォンから通話料金となるプリペイドのポイントを大口一括で購入する。その際，通常の通話料金は大幅に値引きされ，半額に設定されている。グラミン・テレコムは，その通話料金をヴィレッジ・フォン・レディへと販売する。ヴィレッジ・フォン・レディは，自分の住む農村部の村で人々に携帯電話を貸し出し，利益を得るのである。

　ヴィレッジ・フォン・プログラムは，これまで携帯電話が普及するわけがないと考えられてきたバングラデシュの農村に携帯電話のサービスを届

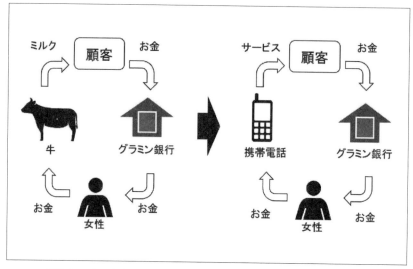

図表2-2　収入源としての牛と，その代わりの携帯電話
（出所：ニコラス・サリバン〔2007〕『グラミンフォンという奇跡』p.89)

けることに成功した。ヴィレッジ・フォン・レディという新たな雇用を創出し，彼女たちの経済的な自立を促すことにもつながった。また携帯電話というサービスを利用できるようになった村人は，彼らのビジネスや家族との連絡のために携帯電話を使うだけではなく，保健医療，教育，農業などあらゆる種類の情報へのアクセスができるようになったため，生活水準の向上をもたらすことにもつながった。ヴィレッジ・フォン・レディは，グラミン銀行から借りた融資を完済してしまえば，携帯電話の端末は完全に自分のもとなる。

　ヴィレッジ・フォン・プログラムのアイデアはイクバル・カディーア氏が原案を作り上げたものである。グラミン銀行は農村部の女性に少額融資をおこない，女性は牛を購入する。そして牛を育てて牛乳を売ることで収入を得ることにより，女性はグラミン銀行に融資の返済をおこなう。これは，女性の経済的な自立を促すためにグラミン銀行がおこなう取り組みとしては基礎的なものである。イクバル・カディーア氏はこの一般的な融資

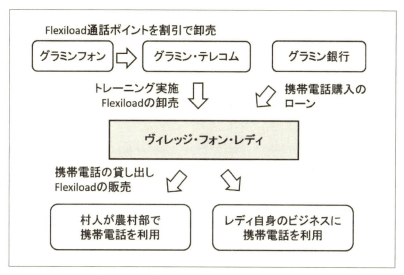

図表2-3　ヴィレッジ・フォン・プログラムと，
ヴィレッジ・フォン・レディのビジネスモデル

から返済への流れに目をつけ，牛の存在を携帯電話に置き換えた。新しいアイデアは「牛の代わりに携帯電話」であり，女性はグラミン銀行から融資を受けると牛ではなく携帯電話を購入し，携帯電話を貸し出すことで利益を上げるのである。

　ヴィレッジ・フォン・レディは1997年に28人の女性から始まった。2016年11月までには累計で約168万人がヴィレッジ・フォン・レディとなった。そのなかで約21万人が現在も活動している。2005年頃からはヴィレッジ・フォン・レディになろうとする女性の数は減少している。これは農村部にまで携帯電話が普及したことが原因である。1997年の携帯電話の端末価格に比べると現在の端末価格は値下がりしており，日本円にして2000円を下回る中国製の端末もある。またスマートフォンの普及も著しく，農村部への情報の流通量は飛躍的に増大している。個人では端末を購入できなくても家族などの単位で1台を所有し，シェアする利用方法は一般的である。そのため，ヴィレッジ・フォン・レディは，かつての携帯電話を貸し出す

第2章 グラミン銀行とグラミン・グループ

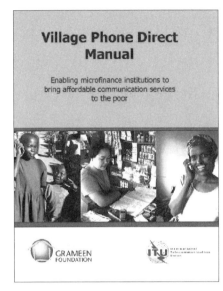

写真2-6 2007年に制作された「ヴィレッジ・フォン・ダイレクト・マニュアル」。グラミン財団によるヴィレッジ・フォンのマニュアルは以前にも発行されているが，これはITU（国際電気通信連合）との共同発行である。技術的な側面からの詳細な解説もなされている。

サービスだけをおこなうのではなく，自ら新しいビジネスを起業して携帯電話を利用したり，人々が個人的に所有している携帯電話に通話時間のポイントを再販するビジネスをおこなっている。これはFlexiloadというもので，プリペイドの携帯電話の通話料金をヴィレッジ・フォン・レディから一般の利用者に販売するものである。携帯電話の利用者のほとんどはFlexiloadでプリペイドの支払いをおこなうためサービスの需要はある。

　グラミンフォンでは，ヴィレッジ・フォン・プログラムの支援の他に，「コミュニティ・インフォメーション・センター（CIS）」というプログラムに取り組んでいる。これは農村部でテレセンターを運用するプログラムで，要するに「村のインターネット・カフェ」事業である。グラミンフォンの携帯電話ネットワークを使ったインターネット接続の普及促進を狙った事業である。またグラミン・テレコムも，グラミン・コミュニケーションズと共同で同様の事業をおこなっている。こちらは「グラミン・インフォメーション・キオスク（GIK）」という名称である。テレセンターにはインターネットに接続されたパソコンと周辺機器が置いてあり，オペレーターが

操作を教えてくれたり，操作を代行してくれる。情報の検索やドキュメントの作成と印刷，電子メールの送受信，デジタルカメラの撮影とプリントアウト，また遠方に出稼ぎに行っている家族とインターネット・テレビ電話で会話を楽しむことなどが可能である。もちろんテレセンターにも携帯電話があり，借りて通話をすることもできる。

▷ヴィレッジ・フォン・プログラムの世界への展開

　グラミン銀行のマイクロファイナンスに携帯電話という新しいツールを融合させたソーシャル・イノベーションは，新しいグラミン方式の貧困削減モデルを形成した。バングラデシュではヴィレッジ・フォン・プログラムの展開により，農村部で携帯電話をレンタルする女性たちによるビジネスが普及し，結果として携帯電話サービスが農村部にも行き渡った。農村部の情報化と女性たちの経済的自立の両方を同時に実現させるというソーシャル・インパクトを生み出したのである。

　現在，ヴィレッジ・フォン・プログラムのアイデアはグラミン財団などの活動により世界中に広がっている。グラミン財団はアメリカの首都ワシントンDCに本部を置く非営利組織で，1997年に設立された。バングラデシュで牛が携帯電話に代わったように，携帯電話をさらに他の商品やサービスに置き換える試みもおこなわれている。2007年には，グラミン財団とITU（国際電気通信連合）が共同で「ヴィレッジ・フォン・ダイレクト・マニュアル」を作成して配布を開始した。マイクロファイナンス，および農村部での携帯電話の利用拡大の二つの活動により経済的自立と情報流通の促進を目指す取り組みは世界の定番モデルとなっており，ウガンダ，ハイチ，インドネシア，カンボジア，フィリピン，ルワンダ，ナイジェリアなどでも実績を積んでいる。グラミン財団がウガンダで実施しているプロジェクトの詳細については，第4章で紹介する。

3 グラミン・シャクティ
再生可能エネルギーの供給

▷**多角的に事業展開をおこなうグラミン・グループ**

　前節では，グラミン・グループの事例として携帯電話事業者のグラミンフォンそしてグラミン・テレコムを取り上げた。本節で紹介するのは多角的な事業展開をおこなうグラミン・グループのなかのグラミン・シャクティである。家庭用の太陽光発電システムなどを販売することで農村部のエネルギー需要を満たすことを目的に，1996年に設立された非営利組織である。シャクティとは「エネルギー」を意味するベンガル語である。

　グラミン・シャクティは他企業との合弁ではない。太陽光発電システムだけではなく，バイオガスや風力発電のような再生可能エネルギー，また燃焼効率がよく室内に煙を出さないかまどやオーガニック堆肥の販売事業もおこなっている。さらに，グラミン・テクノロジー・センターでは女性を対象に太陽光発電システムの部品製造やメンテナンスの技術トレーニングをおこない，新たな雇用を生み出している。

▷**農村部のエネルギー問題**

　バングラデシュは高い経済成長が続いている。2016年の GDP 成長率が7％を上回り，それに伴い電力消費量も急増している。そのため慢性的な電力不足に陥っており，バングラデシュの発電を支えてきた天然ガス資源も枯渇が心配されている。電力供給が不安定である問題は都市部や沿海部の産業に悪影響を及ぼすだけではなく，農村部に暮らす人々への電力供給が滞る原因にもなる。バングラデシュ政府は国全体をカバーする送電線網の整備を進め電力のユニバーサル・サービスを実現しようと努めているが，莫大な資金と時間が必要となる。また農村部には，これまで家までの送電

線が整備されていない地域が多く，約半数のバングラデシュ人は電力供給を受けることができない。2010年の農村部の世帯電化率は33％であり，無電化の村の存在は珍しくない。そこで，電力線が整備されていない農村部で電気を使うには，太陽光などを利用して自分たちで発電する必要がある。

グラミン・シャクティは電力の普及が進んでいない農村部のエネルギー需要に応える事業をソーシャル・ビジネスとして展開している。全国で5万の村をカバーしており，1017の事務所をもち，約5000人を雇用している。主力の事業は太陽光発電システムの「ソーラー・ホーム・システム」の販売であり，再生可能エネルギーの農村部への普及を目指す。電力をはじめとするエネルギー需要に応えるため，次の4種類の事業に取り組んでいる。主力のソーラー・ホーム・システムの他にはバイオガス・プラント，オーガニック肥料，改良型調理かまどの事業がある。農村部の所得水準の低い人々にこれらの装置を販売するために，グラミン銀行のマイクロファイナンスを利用している。例えばソーラー・ホーム・システムを購入して設置した人は，頭金を支払い，残額を2年もしくは3年間で返済する。グラミン・グループとしての強みを活かした販売戦略である。

▷ 4種類のエネルギー供給の事業

グラミン・シャクティがおこなう四つの事業の顔ともいえるのが太陽光発電の「ソーラー・ホーム・システム」である。日本のメディアにたびたび登場する「ソーラー・ランタン」はバングラデシュにも存在している。ソーラー・ランタンとは，太陽光で充電する懐中電灯のような小型ライトであり，持ち運びできることが多い。ここで紹介するソーラー・ホーム・システムは，家の屋根にソーラー・パネルを設置し，室内のバッテリーに充電して家庭内の照明の点灯や携帯電話の充電に使用する形式である。グラミン・シャクティという組織の役割として，グラミンフォンの携帯電話に電気を供給して農村部でも利用可能とする目的も持っている。発電するワット数（W）によりソーラー・ホーム・システムの価格は異なる。50W

程度のクラスが中心だが，最近では20W程度の低価格帯の需要も増えている。ソーラー発電だけでは冷蔵庫のような大型の家電への電力供給には対応できないが，バッテリーに充電した電力を使えばDVDビデオをテレビで視聴したりパソコンを使用したりすることもできる。

　ソーラー・ホーム・システムには家庭向けだけではなく，マイクロ・ユーティリティーという小規模な事業者向けの販売方法もある。商店街などで一つの店がソーラー・ホーム・システムを導入し，近隣の他の三つ程度の商店に電力を供給する方法である。供給される電力は照明一つに限定される。ソーラー・ホーム・システムを導入した店舗は，他店から電気使用量が徴収でき，また電気を買う側の商店は初期費用を負担せずに照明を灯すことができる。

　ソーラー・ホーム・システムに含まれるのは，ソーラー・パネルとバッテリー，蛍光灯，コントロールボックス，設置工事そして，システムを使用するためのトレーニングが含まれる。ソーラー・ホーム・システムの設置の後も，長期間のメンテナンスを委託できるメニューが用意されている。2015年までの累積の設置数は165万5201個である。

　バングラデシュの農村部では，夜間に家庭で使用する照明の約7割がケロシンを燃料としたランプである。燃料のケロシンを購入する必要があり，近年は価格が上昇して家計を圧迫する一因となっている。また，ランプを室内で使用するため空気が汚れ，さらにはランプの火が原因の火事も発生している。ソーラー・ホーム・システムを購入してグラミン銀行のローンを組んだとしても，支払い額がケロシンの燃料代金と同程度であれば，実質の家計への負担はほとんどないといえる。また，電気照明が使えるようになると，夜間に内職などの作業ができるようになり収入の増加にもつながる。蛍光灯電球に加えて，最近ではLEDによる照明器具も農村部のマーケットで売られるようになった。日本のLED電球とは形状が大きく異なり小型のLED素子を複数個並べただけのものであるが，価格が安いうえに消費電力が低く，十分に実用に耐える明るさである。

写真2－7　屋根の上には小さなソーラー・パネルが設置されている。この家に電力線は引き込まれていない。(2011年2月)

　バングラデシュでは，政府系の企業である「インフラストラクチャー・デベロップメント・カンパニー（IDCOL）」が太陽光発電システムの普及促進プログラムを展開しており，また世界銀行などの国際機関も太陽光発電を含む再生可能エネルギー普及の支援をおこなっている。グラミン・シャクティ以外にもBRACなどの非営利組織だけではなく，多くの民間企業が参入する競争が激しい分野でもある。

　次にバイオガス・プラントの事業について説明する。この事業は2005年に開始された。バイオガス・プラントでは，牛糞から発生するメタンガスを集め，家庭の炊事用ガスコンロで燃焼させる設備に供給する。そのためバイオガス・プラントを整備するには，牛糞を作り出す牛を多く飼育している家庭である必要がある。また牛糞を貯めてバイオガスを発生させるにはタンクの設置が必要である。家庭用としてはかなり大がかりな装置であるため整備に多額の費用が必要となる。そのため所得水準の高い一部の家庭にしか導入することはできない。大がかりなバイオガスの整備をおこなった家庭では，周辺の家庭に余剰のバイオガスを売ることもできる。2015年には累積で3万1943個のバイオガス・プラントが設置されている。

　バイオガスを発生させた後の牛糞はスラリーと呼ばれる泥状になり，それを乾燥させると良質なオーガニック肥料となる。バングラデシュでは他国の例に漏れずこれまで農地に化学肥料を多く使用しており，そのため土

写真2-8 地面に埋められた円形のバイオガスのタンク。使用した牛糞はスラリーとして排出され，手前に見えるプールで乾燥させ，オーガニック肥料となる。(2011年2月)

写真2-9 集められたバイオガスは，炊事場の調理用コンロへと供給される。(2011年2月)

地がやせてしまう問題が発生している。この反省からも，オーガニック堆肥を農地で使用することで土壌の栄養バランスを回復し生産能力を向上させようとしている。これもグラミン・シャクティの事業の一つとなっている。

最後に改良型調理かまどについて紹介する。ソーラー・ホーム・システムのように大きく紹介されることは少なく地味な存在ではあるが，改良型調理かまど事業は農村部の生活を大きく改善している。この事業は2006年に開始され，すでに94万4653個が販売されている。改良型調理かまどは，グラミン・シャクティの支店に併設された作業場で，手作業で製作されている。改良型調理かまどは燃焼効率が高いため，これまで使用されてきた

写真2-10 改良型調理かまどを製造するグラミン・シャクティの作業所。(2011年2月)

写真2-11 改良型調理かまどの設置例。写真は二つ口タイプ。煙突が屋根の上にまで伸びており煙で室内の空気を汚さない。(2011年2月)

かまどに比べて燃料の使用量を半分にまで減らすことができる。さらに煙突で煙を屋外に出すことができるため，室内の空気をクリーンに保つことができる。これまでのかまどでは，調理のたびに女性たちは煙のなかで長時間の炊事をおこなうことを強いられてきたため，健康に悪影響を及ぼしていた。

改良型調理かまどを購入して設置するには費用が必要である。しかし日々の燃料使用量が半分になるため，投資した金額の回収は難しくない。グラミン・シャクティの支店には，展示用の改良型調理かまどが備え付けられており，有効性をアピールしている。それを見ると改良型調理かまどの効果はすぐに理解できるのであるが，伝統的な従来型のかまどに慣れ親

しんだ年配の女性のなかには，この新しいかまどに馴染むことができない人もいる。そのため同居する若い世代が新しいかまどの購入を望んでも，実際には整備できない原因の一つとなっている。

▷グラミン・テクノロジー・センターのソーシャル・エンジニア

　グラミン・シャクティでは，ソーラー・ホーム・システムの設置需要に対応するために「グラミン・テクノロジー・センター」というプログラムを実施している。これまでにパイロットプログラムとして45カ所にグラミン・テクノロジー・センターが整備された。これは女性のエンパワーメントを目的としたプログラムであると同時に，グラミン・シャクティにもメリットの大きい取り組みである。グラミン・テクノロジー・センターでは，女性たちがソーラー・ホーム・システムに使用するバッテリーのコントロールボックスやコンバーター，蛍光灯電球や携帯電話の充電器の組み立てを学んでいる。グラミン・シャクティにとっては，地元の女性たちを訓練してソーシャル・エンジニアとして育てることで，急増しているソーラー・ホーム・システムの設置需要や，設置に必要な機械類の生産に低コストで対応できる。また設置数が増えると，メンテナンスの需要に対応するためには，グラミン・シャクティのスタッフだけでは人数が足りない。すでに1000名を超える女性たちが訓練を終えている。ソーラー・ホーム・システムの保守サービス契約を結んだ家庭を彼女たちが巡回し，そこで修理が必要となった部品の交換作業をおこなうことは，女性たちにとって新たな雇用の場となっているのである。しかしここ数年，ソーラー・ホーム・システムが新しくなりコントロールボックスの製造メーカーがメンテナンスをおこなうようになった。また故障が減少したためソーシャル・エンジニアの女性のメンテナンスの仕事は減少しているとのことである。

　この他，ソーラー・ホーム・システムの利用者のキャパシティ・ビルディングにも取り組んでいる。利用者が基礎的な技術を理解しておくことで，より効率的に発電システムを運用することにつながる。さらに太陽光発電

写真2-12　シンゲア村にある支店の作業場。この女性たちは大学工学部卒のエンジニアである。（2014年3月）

やバイオガスへの理解を促進するため，農村部の子供たちを対象とした再生可能エネルギーについての学習プログラムも実施している。

4
グラミン・ヘルスケア・サービス
誰もがアクセスできる保健医療サービス

▷ソーシャル・ビジネスとして提供されるヘルスケア・サービス

　グラミン・ヘルスケア・サービスは，病院などの運営によるヘルスケア・サービスの提供と，ヘルス・ワーカーを育成するソーシャル・ビジネスをおこなう企業である。2006年に設立され，主な事業はグラミン・アイ・ホスピタルおよびグラミン・カレドニア看護大学の運営であり，その他にもコミュニティ・アウトリーチ・プログラムという遠隔地，学校，企業を対象とした眼科集団検診などを実施している。第3章で説明するグラミン・ヴェオリア・ウォーターという合弁企業のグラミン側の組織は，グラミン・ヘルスケア・サービスである。

　グラミン銀行のメンバーへのヘルスケア・サービスの提供には，長い歴史がある。グラミン銀行ではマイクロファイナンスの実行と並行して，メンバーの健康維持を目的に，1993年にグラミン・トラストが農村健康プログラム（RHP）を実施した。その成果に基づいた保健医療やヘルスケア分野のプログラムを引き継ぐ非営利組織として1996年にグラミン・カルヤンが誕生し，翌年このプログラムを引き継いだ。グラミン・カルヤンの「カルヤン」とは福祉を意味する。グラミン・グループでは，グラミン・カルヤンだけではなく様々な組織において，ヘルスケアに関連するプログラムを実施している。本節で紹介するグラミン・ヘルスケア・サービスの設立に出資した組織は，グラミン・カルヤン，グラミン・テレコム・トラスト，そしてグラミン・シャクティである。

　ムハマド・ユヌス氏は，ヘルスケアは「ソーシャル・ビジネスにおいて高いポテンシャルを有する分野」と表現している。そのヘルスケアという分野において，サービスを貧困層でもアクセスできる価格に設定し，かつ

サービスから得られる収入で事業を持続できることを模索した結果として誕生したのがグラミン・ヘルスケア・サービスである。あまねくすべての人々の健康を維持するためには、ソーシャル・ビジネスのコンセプトの導入や、ICT（情報通信技術）などの技術を応用するなど、あらゆる手段をもって挑む必要があることは間違いない。

▷グラミン・カルヤン――ヘルスケア・サービスの提供

グラミン・ヘルスケア・サービスの設立に資金を拠出したグラミン・カルヤン、グラミン・テレコム・トラストの二つの組織について説明する。

グラミン・カルヤンはグラミン銀行のメンバー、グラミン・グループで働く従業員とその家族、また地域に居住するすべての人々を対象に、貧困層でも利用できる価格でのヘルスケア・サービスを提供している。グラミン銀行は、メンバーが健康でなければマイクロクレジットによる経済的自立は成しえないと考え、早くからメンバーを対象としたヘルスケア・サービスの提供をおこなってきた。そのためグラミン・カルヤンが運営する「ヘルス・センター」は、グラミン銀行の支店と近接した場所にあることが多い。

グラミン・カルヤンはグラミン銀行のメンバー向けに奨学金プログラム、教育ローン、家電製品などの購入ローンなどの福祉プログラムを提供している。またグラミン銀行のメンバーかどうかに関係なくすべての人を対象に、ヘルスケア・サービスを受けるためのマイクロ保険を提供している。グラミン銀行のメンバーは200タカ、そうでない人は300タカを支払うと、家族6人を対象とした保険証が発行される。保険証を持っていれば20タカを支払うことでヘルス・センターを利用できたり、薬を安く購入することが可能である。また年に1回の健康診断を受けることもできる。

2016年3月の時点でグラミン・カルヤンは25の県（ディストリクト）に10カ所の地域オフィスを置き、85カ所のヘルス・センターを運営し、3200の村（ユニオン）をカバーしている。ヘルス・センターおよび遠隔地での集団健

写真2-13　エレンガ村にあるグラミン・カルヤンのヘルス・センター。手術室や救急車の設備も有する。医師が常駐するわけではなく，ヘルス・ワーカーがサービスをおこなう。(2011年2月)

診において200万人をカバーしている。また年間約35万人がヘルス・センターを訪れている。女性のヘルス・ワーカーによる地域コミュニティを対象としたアウトリーチ・プログラムの実施や，最近では新たに自動車を使ったモバイル・ヘルス・プロジェクトもおこなっている。

▷グラミン・テレコム・トラスト——ソーシャル・ビジネスの推進

　グラミン・テレコム・トラストは，ソーシャル・ビジネスの普及啓発，イノベーションを起こす新たなアイデアの創造，実際にソーシャル・ビジネスに取り組む企業などへの出資をおこなうことを目的に2010年に設立された。グラミン・テレコム・トラストは，ユヌス・センターとともにソーシャル・ビジネスを実践することで貧困のない世界を創るために活動する中核的な組織である。特にヘルスケア，教育，工業団地，環境の分野に注力している。グラミン・テレコム・トラストは，グラミン・ヘルスケア・サービスの他にも，グラミン・ダノン・フーズ，グラミン・ディストリビューションに出資している。

　ソーシャル・ビジネス促進のための具体的な活動例として，2013年1月から毎月，「ソーシャル・ビジネス・デザイン・ラボ」をユヌス・センターにおいて開催している。主催者はムハマド・ユヌス氏である。ラボでは，ソーシャル・ビジネスの具体的なアイデアを参加者で議論する場を提供し，

ソーシャル・ビジネスを実施するためのトレーニングをおこない，またソーシャル・ビジネスの起業家と投資家を結びつける役割も担っている。起業家，投資家，研究者，NGOやNPO，資金のドナーなど様々な立場の人々が参加している。

同じく2013年から実施している「ノビン・ウッドクタ（Nobin Udyokta）」プログラムでは，若手の起業家，つまりアントレプレナーを育成するためにソーシャル・ビジネスのトレーニングをおこなっている。ノビン・ウッドクタの意味は若手起業家である。対象はグラミン銀行のメンバーおよびその子供たちである。このプログラムは，ムハマド・ユヌス氏の「我々は雇用を求める者ではなく，雇用を生み出す者だ」（We Are Not Job-Seekers, We Are Job-Givers）という考えのもとにおこなわれている。また同時に，若者，技術，ソーシャル・ビジネスを結びつけることでイノベーティブなアイデアを生み出し，貧困および失業の問題に対処しようとしている。これは「持続可能な開発目標（SDGs）」の目標8「すべての人々のための持続的，包摂的かつ持続可能な経済成長，生産的な完全雇用およびディーセント・ワークを推進する」などの目標に対する，ムハマド・ユヌス氏による具体的なアクションである。かつ若手のアントレプレナーがソーシャル・ビジネスを実際に運用することを通して，ソーシャル・ビジネスのコンセプトを強化する役割も担っている。

▷グラミン・アイ・ホスピタル

ここまではグラミン・ヘルスケア・サービスに出資したグラミン・カルヤン，グラミン・テレコム・トラストについて説明した。ここからはグラミン・ヘルスケア・サービスの主たる事業であるグラミン・アイ・ホスピタルと，グラミン・カレドニアン・看護カレッジについて説明する。グラミン・アイ・ホスピタルは，その名前の通り眼科医療を提供する病院である。正式にはグラミン・GC・アイ・ホスピタルという。GCとはグラミン・アイ・ホスピタルに資金を提供したグリーン・チルドレン財団の名称

写真2−14 ボグラにあるグラミン・アイ・ホスピタル。グラミン・ダノン・フーズのボグラ工場からほど近い場所に立地する。（2010年6月）

写真2−15 グラミン・アイ・ホスピタルでは眼鏡やサングラスの販売もおこなっている。バングラデシュの強い日差しのなか長時間の屋外作業をおこなうにはサングラスの着用が必要である。（2010年6月）

写真2−16 グラミン・カレドニアン・看護カレッジの学生たちによるデモンストレーション。首都ダッカでおこなわれたソーシャル・ビジネス・デイの展示ブース。（2014年6月）

である。

　グラミン・アイ・ホスピタルは，2007年にボグラとバリサルにて運営を開始した。その後，2013年にはタクルガオンでも開業した。これらの病院では，所得の低い人に対しては診察費を低く抑え，所得が高い人には相応の診察費を求める料金体系を採用している。例えば白内障の手術を受ける場合，4000タカから3万2000タカまで複数の手術パッケージが用意されている。貧困層の人々に対しては無料の診断もおこなっている。

　グラミン・アイ・ホスピタルでは，「コミュニティ・アウトリーチ・プログラム」を実施している。眼科医が率いる医療チームが遠隔地や学校，また工場に出向き眼科の集団検診をおこなう。集団検診は基本的に無料で受けることができる。

▷グラミン・カレドニアン・看護カレッジ
　グラミン・カレドニアン・看護カレッジは，ナイキ財団，グラスゴー・カレドニアン大学，そしてグラミン・ヘルスケア・トラストにより2010年に創設された。初年度はグラミン銀行のメンバーの家族から40人の女子が教育ローンを受けて学び始めた。現在は約120名の学生がカレッジで学んでいる。カレッジのコースを修了した後に，学生が希望すると，グラミン・ヘルスケア・サービス，もしくはグラミン・カルヤンに看護師として就職することができる。卒業後すぐに就職できることで教育ローンを返済することが可能となる。看護師として働き収入を得ることで，女性のエンパワーメントに資することもカレッジの目的である。バングラデシュでは医師，看護師の不足が深刻であるため，カレッジは特に地方部での看護師不足の緩和を目指している。

5 グラミン・ディストリビューション
農村部のラストワンマイル物流を担う訪問販売

▷**未発達な農村部の販売網**

　この節で説明するのは，2009年に設立した「グラミン・ディストリビューション」という企業である。都市部での携帯電話やスマートフォンの販売，および農村部において日用品を移動販売により各家庭に届けるソーシャル・ビジネスをおこなっている。グラミン・ディストリビューションでは「グラミン・マーケティング・ネットワーク」という販売網を農村部で構築しており，物流拠点から各家庭までの距離を意味する「ラストワンマイル」を埋める物流網として機能している。

　バングラデシュをはじめとする開発途上国の農村部では，人々は移動費と時間を費やして買い物に出かける必要がある。農村にも小規模な商店が存在しているが，そこで購入できる品物は限定されている。また販売されている商品の品質も安定していない。人々は日用品を購入するために，また各種の社会サービスにアクセスするために遠方まで足を運ばざるをえない。グラミン・ディストリビューションでは，農村部の各家庭にまで日用品の販売網を拡大することで人々の移動費と時間節約に貢献し，同時に販売網での新たな雇用を生み出している。

▷**設立の経緯とビジネスモデル**

　すでに説明したように，グラミン・グループには「グラミン・テレコム」という組織が存在する。グラミン・テレコムは1996年に「グラミンフォン」という企業を設立する際，農村部に携帯電話サービスを普及させるためのヴィレッジ・フォン・プログラムを実施する目的で創設された。グラミン・テレコムは，携帯電話の端末で有名なノキアと業務提携しており，携帯電

話の端末の販売や修理をおこなっていた。現在は，ノキアがマイクロソフトに買収されたため，マイクロソフト・ケアの名称で業務をおこなっている。グラミン・ディストリビューションは，2009年にグラミン・テレコムから携帯電話やスマートフォン端末の流通と販売事業を引き継いで設立された。首都ダッカなどの都市部では，LAVAという独自ブランドの携帯電話やスマートフォン端末，また蛍光灯電球の販売事業をおこなっている。LAVAブランドを掲げる店舗は，ダッカやチッタゴンなど都市部に10店舗が置かれている。蛍光灯電球などいくつかの商品についても，グラミン・ディストリビューションのロゴマークが付いた自社ブランド商品として販売している。この他にもボトルの飲料水や太陽光発電装置の販売も手がけている。飲料水のボトルは，グラミン・グループの「グラミン・ヴェオリア・ウォーター」から仕入れ販売している。

▷農村部での販売網

　次に，グラミン・ディストリビューションの農村部での販売網構築について説明する。バングラデシュの農村部では，村の中心にある市場や商店街，および集落内で営業している小規模な個人商店で人々は日常品を購入している。村落にある小規模な商店は日本でいうところのコンビニエンスストアのような存在であるが，小規模であるため販売されている品物の点数は少ない。また在庫管理はできておらず商品の品質は安定していない。村の中心にある市場から遠方に居住する人々にとっては，村の中心まで買い物に出かけるのが困難な場合もある。日用品を買いに行くために，タクシーとしてリキシャ（三輪の自転車タクシー）に乗ると移動費用が発生する。購入する商品の価格よりも，移動費用の方が高いこともある。これはBOPペナルティである。グラミン・ディストリビューションでは，このような状況下にある農村部を対象にして，日用品を各家庭に直接訪問販売することで移動するビジネスを展開している。移動販売の販売員となる村人にとっては現金収入の機会が生まれ，購入者にとっては商品を買うために移動

する時間と費用を節約することが可能である。

グラミン・ディストリビューションでは，グラミン・マーケティング・ネットワークという移動販売の仕組みと販売網を構築している。バングラデシュには64県が存在し，そのうち20県でグラミン・ディストリビューションは活動をおこなっている。グラミン・マーケティング・ネットワークは，「女性ネットワーク」，「男性ネットワーク」，そして「若者ネットワーク」の3区分されている。若者とは21歳から29歳の年齢層を指している。5000人の販売員が活動しており，その55％が女性である。

グラミン銀行を中心とするグラミン・グループのこれまでの活動において，女性が携帯電話を持ち回り公衆電話サービスとして村に届けるビレッジフォン・レディ，またグラミン・ダノン・フーズのダノン・レディのような訪問販売の形態はノウハウが蓄積している。グラミン・マーケティング・ネットワークもこの販売形式に倣っており，村の各家庭にまで生活の必需品を販売するために販売員が歩いてまわっている。グラミン・ディストリビューションの事例では，徒歩以外にも自転車やリキシャなどの移動手段を用いることもある。これらの利用は販売員の裁量に任されており，グラミン・ディストリビューションが移動手段を用意するわけではない。また，販売員は直接，日常品を売り歩くだけではなく，カタログを見せて注文を取り，後日その商品を届けるカタログ販売形態も採用している。

グラミン・マーケティング・ネットワークでは「ディーラー」と呼ばれるスタッフが販売員を管理している。ディーラーは販売員に商品を卸す役割と，販売員がカタログ注文を取ってきた商品を仕入れてくる役割を担う。販売員が歩いて配達できないような大型商品も，ディーラーが手配し配送をおこなう。1人のディーラーが20人から25人の販売員を管理している。

グラミン・マーケティング・ネットワークを構成するディーラーと販売員のトレーニングは，グラミン・ディストリビューションの「アクティベーション・オフィサー」がおこなう。アクティベーション・オフィサーは，グラミン・ディストリビューションから直接グラミン・マーケティング・

写真2-17 タンガイルの女性販売員。専用のカバンが用意されている。実際にはさらに多くの商品を持ち移動する。(2014年11月)

写真2-18 カバンのなかの商品の一例。日用品を中心とした品揃えである。(2014年11月)

写真2-19 ディーラーの男性と店舗。女性販売員が徒歩で持ち運べない商品はこの店舗から配送される。地元に以前から存在している家電の販売修理をおこなう店である。(2015年5月)

ネットワークの管理についてトレーニングを受けている。現在，23人のアクティベーション・オフィサーが活動しており，それぞれが2人から5人のディーラーと協力して農村部のビジネスの拡大をおこなっている。将来的には10名程度のディーラーを1人のアクティベーション・オフィサーで管理することを目標としている。

▷**女性販売員の現状**

「女性ネットワーク」を構成する女性販売員は，グラミン・ディストリビューションが用意した専用のカバンに商品を入れて移動販売をおこなう。専用のカバンが移動販売をおこなっている際の目印の役割を果たしている。そのため農村部を販売員の女性が歩いて回ると，人々が商品を買いに集まってくる。女性販売員は，多くがグラミン銀行のメンバーのなかから選ばれている。その他にも地元の商店やNGOメンバーなど，様々な女性たちが販売員として活動している。

女性の販売員が専用のカバンに入れて運ぶことができるアイテム数はせいぜい20〜30程度であり，厳選された品物が入れられている。洗剤やシャンプー，爪切り，歯ブラシ，また衛生用品といった商品が販売されている。基本的に家庭から自由に出かけることが難しい女性を対象に販売する商品がアレンジされていることがわかる。カバンに入れられている商品アイテムは，最低限の地元のニーズを満たすことができるように選択されている。全国的にほぼ同じ内容ではあるが，季節や気温の変化により，その時々に最適な内容に変更されている。例として雨期には傘が売られており，また靴や農業で使用する種子が販売されていることもある。

生活必需品のすべてをカバンに入れて販売することはできないため，先にも述べたようにカタログによる注文受注もおこなっている。さらにカタログに紹介されていないどのような商品であっても注文は受け付け，ディーラーに報告する。販売員が配達できないような大型商品はディーラーが各家庭にまで配送することもある。

写真2-20 徒歩での訪問販売の様子。女性は自宅でも商品販売をおこなっており，村人にとって身近なマイクロ・コンビニとして機能している。(2015年5月)

　比較的高額な商品は，子供用の服，蛍光灯電球，テレビのリモコン，懐中電灯，モスキートネットである。モスキートネットはグラミンBASFが製造したものを扱っている。価格設定と品質管理には注意が払われている。販売されている商品の価格はほぼ市場と同じに設定されており，移動販売だからといって高く値付けされているわけではない。

▷販売員としての収入と持続可能性

　グラミン・ディストリビューションの販売員として女性が活動するのは一日に4〜6時間である。月に15〜20日の販売をおこなっている。毎日，100軒の訪問を目標としている。現状では平均して毎日200タカから250タカ（約300円）の収入があり，毎月3400タカ程度の収入を実現している。販売員の家庭はマイクロ・コンビニのような状態になっており，そこには近隣から村人が買い物にやって来る。販売スキルの高い女性は，家庭での物販でも高い収入を得ている。農村部の女性にとって，貴重な現金収入の機会である。また農村部では家庭から遠方への外出が難しい女性が多いため顧客は多く存在している。グラミン・ディストリビューションのグラミン・マーケティング・ネットワークが構築されているのは，バングラデシュの20県のみである。しかし，販売網の構築や訪問販売をおこなうためのビジネスモデルおよびノウハウは十分に蓄積されており，このビジネスモデル

は拡大していくだろう。

　バングラデシュでは，グラミンフォンをはじめ多くの携帯電話キャリアがサービス拡大にしのぎを削っている。農村部においてもテレビやラジオはもちろん，携帯電話やスマートフォンの端末を通して多くの情報が容易に入手できるようになった。情報の流通が飛躍的に増加したとしても，農村部のラストワンマイルを網羅する物流網の構築にはまだまだ時間を要する。グラミン・マーケティング・ネットワークは，バングラデシュの農村部における情報の流れと，未成熟な物流の流れのギャップを埋める役割を担っており，農村部に存在するニーズを受けとめることに成功しているといえる。

第3章

バングラデシュでの合弁企業

1
グラミン・ダノン・フーズ
栄養強化ヨーグルトの製造販売

▷**合弁企業によるソーシャル・ビジネスの開始**

　グラミン銀行がマイクロクレジットの事業を基本としながら国際的な展開や事業の多角化をおこない，グラミン・グループを形成したことを述べてきた。本章では，海外企業とグラミン・グループの組織との合弁企業を設立し，バングラデシュでソーシャル・ビジネスに取り組む事例について紹介する。最初の事例としてグラミン・ダノン・フーズを取り上げる。グラミン・ダノン・フーズは，ムハマド・ユヌス氏が合弁企業の設立によりソーシャル・ビジネスのアイデアを実現させるための第一歩として誕生した。ダノンにとっても，またグラミン・グループにとっても多くの経験を蓄積することに成功しており，その後の合弁企業の設立の礎となった事例である。

　バングラデシュでは多くの人が栄養不足の状態にあり，子供たちにとっては成長が阻害される原因となっている。そこでグラミン・ダノン・フーズは，不足しがちな微量栄養素を付加した低価格のヨーグルトを販売することでバングラデシュの人々の栄養状態の改善に貢献する。フランスの食品関連企業であるダノンとグラミン・グループの4組織による合弁企業であり，ヨーグルトの工場はボグラという町に建設された。農村部へのヨーグルト販売は「グラミン・ダノン・レディ」という女性たちがおこなっている。

　グラミン・ダノン・フーズのソーシャル・ビジネスの目的は，次の四つである。まず，子供たちが購入できる低価格の栄養素を強化したヨーグルトを販売して健康問題の改善に寄与する。次に，地域の最も貧しい人々に，原料の仕入れから生産，販売のすべての事業活動にインクルーシブに参加

してもらうことで生活環境を改善する。三つ目に，できる限り再生可能な資源のみを使用する。最後に，事業が経済的に持続可能であるように利益を出すことである。

▷ダノンとグラミン・グループの4組織

　グラミン・ダノン・フーズは，ダノンとグラミン・グループの四つの組織による合弁企業である。グラミン・グループの四つの組織とは，グラミン・バイボサ・ビカーシュ，グラミン・カルヤン，グラミン・シャクティ，そしてグラミン・テレコムである。

　まずダノンという企業について説明する。ダノンはフランスに本社を置く食品関連企業である。1919年に，薬局で販売する整腸作用のあるヨーグルトを生産する工場をスペインに設立したことに始まる。その後，会社はニューヨークへ移されたこともあったが，1958年からはフランスのパリが本社である。ヨーグルトを代表とする乳酸菌事業の他に「エビアン」や「ボルヴィック」などのブランドのミネラルウォーター，その他にシリアルなど食品を取り扱っており，事業は国際的に展開されている。日本でもダノンはすでになじみのある企業である。ダノンジャパンのテレビコマーシャルは毎日のように放送されており，ダノンウォーターズオブジャパンの「エビアン」と「ボルヴィック」のミネラルウォーターも日本でよく知られるブランドである。

　次にグラミン側の組織について紹介する。グラミンの四つの組織は，グラミン・ダノン・フーズが取り組むソーシャル・ビジネスの遂行に必要となる組織が選定されている。グラミン・シャクティ，グラミン・テレコム，そしてグラミン・カルヤンについてはすでに説明しているので省き，ここでは非営利組織であるグラミン・バイボサ・ビカーシュについて説明する。グラミン・バイボサ・ビカーシュの「バイボサ・ビカーシュ」とは，ビジネス開発を意味する。2001年に誕生した組織である。農村部の貧しい人々，そのなかでも特に女性を対象として，技術や財政，マーケティングなどの

第3章 バングラデシュでの合弁企業

面から小規模なビジネスを起こすための支援活動をしている。

▷バングラデシュの栄養問題とグラミン・ダノン・フーズの誕生

　グラミン・ダノン・フーズが誕生するきっかけは，2005年10月にパリにおいてダノン・グループ代表のフランク・リブー氏と，ムハマド・ユヌス氏のミーティングであった。ユヌス氏の「ソーシャル・ビジネス」のコンセプトは確立していたが，バングラデシュにおける具体的なビジネスの姿はまだ描くことができていなかった。しかし，同年にはバングラデシュの首都ダッカでダノンとグラミン双方のグループによるワークショップが開催され，2006年3月にはグラミン・ダノン・フーズの設立が発表された。ヨーグルト工場がボグラに建設され，稼働したのは11カ月後の2007年2月である。

　世界銀行が示す2010年の指標を見ると，バングラデシュにおいて貧困ライン以下で生活する人々の割合は31.5％である。1992年の56.6％，2000年の48.9％と比較すると改善されているが，高い貧困率である。バングラデシュのこのような環境下において，ビタミンやミネラルのような微量栄養素の不足は子供たちの成長を阻害する要因となり，また当然ながらすべての人々の健康にとって悪影響を及ぼしている。そこで新しいソーシャル・ビジネスを開始するにあたり，バングラデシュの栄養状態を改善するという目的を達成するためには何を生産すべきかの検討から始めた。ベビーフードの生産も検討されたが，バングラデシュで生産するにあたり衛生管理が困難であるなどの理由で断念し，最終的には栄養を強化したヨーグルトの生産が最適であると判断した。また，バングラデシュというマーケットについて，食習慣や不足している栄養素の種類，競合するであろう製品の価格などのマーケティングを念入りにおこなった。

　ヨーグルトの工場が建設されたのは，首都のダッカから北西220kmに位置するボグラという町である。かつて，ボグラのあるラジシャヒ管区にダッカから移動するには，ジャムナ川を船で渡る必要があった。1998年に日

写真3－1　ボグラにあるグラミン・ダノン・フーズのヨーグルト工場。(2010年6月)

本のODA（政府開発援助），世界銀行，アジア開発銀行による援助でジャムナ橋が建設され，その後，日本の円借款による「ジャムナ橋アクセス道路事業」により道路網が整備された。ジャムナ橋とアクセス道路が整備されたおかげでダッカからボグラへのアクセスは飛躍的に改善された。

　ボグラが工場建設地に選定された理由は，政府が整備した工業地帯であり，周辺環境の状態を事前に調査して候補地を絞り込んだ結果である。いくつかの候補地のなかでボグラが最終的に選ばれたのは，バングラデシュの国内では有名なヨーグルトの産地だったからだ。ヨーグルトの名前は「ミシュティ・ドイ」いう。実際にボグラを訪れると飲食店などの店先に素焼きの壺に入れられたミシュティ・ドイが売られており，地元の名産品の一つである。

▷**小さな工場でのスタートアップと柔軟に取り組む製品改良**

　通常，ダノンのような大企業が工場を建設する際には，事業の効率を優先するため，できる限り規模を大きくするのが通例である。そもそも，マーケットのサイズが小さいと，工場を建設するという判断をしない。しかしボグラに建設された工場は，ユヌス氏の提案により，ソーシャル・ビジネスであることを強く認識し，社会利益の最大化を図ることができるようなパイロット・プロジェクトとなるように，可能な限り小規模に建設する

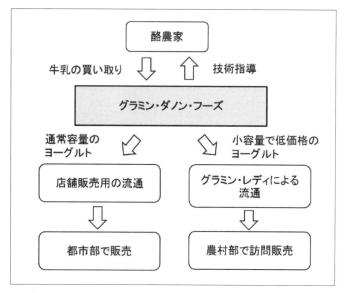

図表3－1　グラミン・ダノン・フーズのビジネスモデル。二つの販売チャンネルを持つ内部相互補助アプローチをとるため，グラミン・ダノン・フーズは二本足モデルと表現している。

ことにした。ダノンという大企業がこのような規模の小さな工場をバングラデシュの農村部に建設したことは，ソーシャル・ビジネスへの取り組みに真剣に向かい合っていることを表している。ボグラの工場での経験をもとに，今後は生産の規模を拡大する計画である。

　2007年2月からボグラで生産を開始したヨーグルトは「ショクティ・ドイ」と命名された。「パワーのためのヨーグルト」を意味する名称である。この名称は2010年からは「ショクティ・プラス」に変更されている。ヨーグルトの原料には，ボグラ周辺にて地元の酪農家が生産した牛乳を使用しており，50グラムのカップには，鉄，亜鉛，ヨウ素およびビタミンAの微量栄養素について一日の所要量の30％が含まれている。品質のよいヨーグルトに含まれる乳酸菌は，バングラデシュで深刻な問題である子供たちの下痢の重篤化を防ぐ効果がある。子供たちの健康改善に大きく寄与するこ

のヨーグルトの味付けは日本人にとっては甘く感じられる。ダノンが世界のマーケットで一般的に販売しているヨーグルトの味付けよりもかなり甘い。これはバングラデシュの人々が好むような味にするために意図的に甘い味を選択したからである。

ボグラの工場は，現地雇用した労働者が扱うことができる機械を選んで生産プラントが設計されている。この判断により，ボグラの地元に新たな雇用が生まれ，同時に機械のメンテナンスのコストを下げることができた。また，工場はできる限り再生可能な資源を使うように配慮され，環境への影響を小さくするようにしている。太陽光発電のパネルが設置され，雨水を回収して天然ガスを作るプラントで使用している。工場から流れ出る排水は環境に悪影響を与えないように処理されたきれいな状態である。

▷ヨーグルトの原料となる牛乳の調達

　グラミン・ダノン・フーズのソーシャル・ビジネスが紹介される場合，グラミン・ダノン・レディたちが農村部を歩いてヨーグルトを販売してまわる風景が紹介される。確かにこのソーシャル・ビジネスを象徴する風景の一つである。グラミン・ダノン・フーズにとって，ヨーグルトの販売方法も重要ではあるが，それ以前にヨーグルトの原料である牛乳を現地で調達するプロセスも重要な要素である。

　バングラデシュの農村部では多くの人たちが乳牛を飼育している。グラミン銀行のメンバーは少額融資（ローン）を乳牛の購入資金としている場合も多い。ボグラの工場が生産を開始したばかりの2007年から2008年にかけて，「グラミン・ライブストック・ファンデーション」を通して，工場から30km圏内にある牛乳組合から牛乳を購入していた。その後，2009年からは工場周辺の酪農家から牛乳を買い始めた。また，グラミン・ダノン・フーズでも乳牛を所有し，酪農家に牛乳作りの技術協力やトレーニングを提供している。現地のマーケットから牛乳を仕入れると，割高なうえに誰がどのように生産した牛乳であるのか把握ができず品質管理が難しい。そこ

写真3-2 牛乳の収集センター。朝の収集時間に人々が牛乳を持ち寄る。買い取りの前には品質のチェックを受け，1リットルあたりの買い取り価格が決定する。町中には冷蔵装置を備えた収集センターもある。（2011年2月）

でできる限り地元の酪農家との協力体制を拡大して，直接の取引量を増やす方向である。

次にボグラの工場周辺にある，グラミン・ダノン・フーズの牛乳収集センターの様子について説明する。ボグラの周辺には4カ所に牛乳の収集センターが整備されている。朝6時30分と夕方4時30分からの一日2回，2時間程度の間に牛乳の収集がおこなわれ，100名弱の人たちがボトルに入れた牛乳を持ち寄る。牛乳の買い取り価格は1リットルあたり24タカから26タカに設定されている。この値段は，地元の市場の価格と同じ程度の水準となるように調整される。買い取りの際には，収集センターのスタッフが牛乳の品質を厳しくチェックする。牛乳の買い取り価格に幅があるのは品質により価格が区別されているからである。収集センターのスタッフは，牛乳を持ち込んだ人の名前，牛乳の量，品質のレベル，買い取った金額の情報を紙のフォームに記入して管理している。古い牛乳や品質が悪い牛乳は買い取りをしてもらうことができず，持ち込んだ人がそのまま持って帰ることになる。

収集センターでは，品質が一定水準を満たしている牛乳は全量を買い取っている。収集センターがなければ，酪農家たちは牛乳を村や町のマーケットに自分たちで運び，自らの手で販売する必要があった。全量の買い取りが保証されると，牛乳を売りにいく手間が省け，売れ残る心配もない。

酪農家の所得向上につながるだけでなく，人々は酪農や農業に集中することができ，結果として牛乳の品質の向上にもつながっている。

▷二つの販売チャンネルとヨーグルトの種類

　グラミン・ダノン・フーズのヨーグルト販売チャンネルは大きく分けて2種類ある。一つは，店にヨーグルトを卸して販売するチャンネルであり，日本でヨーグルトが流通しているのと基本的には同じ状況である。ダッカなどの都市部のスーパーマーケットでもグラミン・ダノン・フーズが生産したヨーグルトが販売されており，ソーシャル・ビジネスを特に意識することなく手に取る消費者も多い。ダッカのような大都市以外でも地方都市や農村部の小売店のなかには冷蔵庫や保冷できる入れ物を備えている場合があり，ヨーグルトの販売をおこなっている。これらのチャンネルの販売量が約80%である。

　もう一つはもちろんグラミン・ダノン・レディによる農村部での販売チャンネルであり，販売量の約20%を占める。もうグラミン・ダノン・フーズのソーシャル・ビジネスの姿として紹介されることが多いのが女性たちの販売の姿である。2016年12月の時点では，約500人の女性が，ヨーグルトの訪問販売をおこなっている。女性たちは徒歩で移動するため，ボグラの工場から離れると直接仕入れることはできない。そのため週5日，村へ卸売りのスタッフがヨーグルトを運ぶ。決められた時間に女性たちはヨーグルトを配送するためのバッグを持って集合し，必要な数のヨーグルトを購入する。購入するヨーグルトの数はそれぞれで，セールスの能力が高い女性は多く購入する。ヨーグルトを販売した約10%が女性たちの収入となる。おおよそ50タカから150タカが女性たちの一日の収入となる。バングラデシュでは保冷したままヨーグルトを流通させることが難しい。当然，この状況に対応した品質管理がなされているが，グラミン・ダノン・レディが訪問販売をおこなうことで品質や風味を損なうことなくヨーグルトを販売することができる。

写真3-3 グラミン・ダノン・レディが販売するヨーグルトを仕入れている様子。専用の青い配達バックにいれて運ぶ。カップのヨーグルトには木製のスプーンが付属する。(2011年2月)

写真3-4 農村部の小さな商店で販売されるヨーグルト。手に持っているヨーグルトはカップと小容量小袋の2タイプ。小袋タイプは冷蔵庫にいれなくても30日保存が可能。商品パッケージは何度も改良がおこなわれている。(2011年2月)

　農村部と都市部の両方にヨーグルトを販売できるようになるまでに、グラミン・ダノン・フーズというソーシャル・ビジネスには試練が待ち構えていた。ボグラの工場が稼働した翌年の2008年、世界的に食料価格が高騰し、バングラデシュもこの影響を受けた。そのためヨーグルトの原料となる牛乳の価格が2倍に跳ね上がり、グラミン・ダノン・フーズはヨーグルトを60％値上げする決定をした。農村部で暮らす貧困層の子供たちの栄養状態を改善するために低価格でヨーグルトを販売する必要があるのだが、値上げにより子供たちはヨーグルトを買うことができなくなってしまった。その結果、農村部ではヨーグルトは売れなくなり、グラミン・ダノン・レディのヨーグルトの訪問販売ネットワークも崩壊してしまった。この試練

を乗り越えるため，子供たちに必要な栄養素が不足しないサイズにまでヨーグルトのカップを小さくする工夫をして，価格の上昇を最低限に抑えた。同時に学校での栄養教育プログラムを実施するなどの活動を積み重ねることで，ヨーグルトの売れ行きは回復した。再びヨーグルトが売れるようになったのち，ヨーグルトの流通範囲をボグラから50kmほど離れたラジシャヒやパブナという町まで拡大した。

　ヨーグルトをダッカで販売するようになったのは2009年からである。都市部での販売に際して，カップのサイズを大きくし，価格も十分な利益が出るように高く設定されている。また，プレーンの味に加えてバングラデシュで人気があるマンゴー味を追加し，テレビでコマーシャルを放送することで知名度を向上させた。価格を高く設定したのは，所得水準の高い都市部の消費者には相応の価格を負担してもらい，その利益により農村部でできる限りヨーグルトの値段を低く抑える戦略である。ムハマド・ユヌス氏の言うところの「内部相互補助」アプローチによる価格決定である。

　現在，グラミン・ダノン・フーズの販売するヨーグルトは，プレーン味の50グラム，ストロベリー味とマンゴー味の60グラム，また都市部での販売用に3種類の味それぞれに80グラムのタイプが存在する。農村部で女性たちが訪問販売するのはプレーン味の50グラムで，販売価格は10タカである。ストロベリー味とマンゴー味の60グラムのタイプは15タカで，小規模店舗にて販売されている。プレーン味よりも高価格なため農村部での訪問販売はおこなわれていない。小規模店舗はダッカとチッタゴンにあり，またボグラでは120名の販売員が小型の移動販売店舗でヨーグルトを販売している。

▷ダノン・コミュニティーズによるソーシャル・ビジネスの推進

　グラミン・ダノン・フーズという合弁企業を作り工場を建設する際，ダノンはダノン・コミュニティーズという基金を設立し，そのダノン・コミュニティーズ・ファンドから資金を調達した。つまりダノンの本体からの

出資ではない形をとった。ダノン・コミュニティーズは，ムハマド・ユヌス氏とダノンCEO（経営最高責任者）フランク・リブー氏の話し合いから生まれ，2007年に創設された。「ソーシャル・ビジネス・ネットワーク」と表現されているこの基金の創設はダノンの戦略でもあり，ダノンの株主を納得させ，この基金によるダノンというブランド価値の向上を狙ったものである。このファンドは一部を社会的な貢献をおこなう企業や，ソーシャル・ビジネスに投資している。ダノン・コミュニティーズは，バングラデシュのグラミン・ダノン・フーズとJITAの二つの組織を含め，世界7カ国で合計10のソーシャル・ビジネスをサポートしている。

　グラミン・ダノン・フーズは今後のヨーグルト需要を見込みつつボグラ工場の生産設備の拡大や，新たな工場を建設する予定を持っている。ボグラの事業が順調に推移しグラミン・ダノン・フーズの生産が増えれば，さらにヨーグルトを通した人々の栄養状態の改善ができるようになるだろう。

2
グラミン・ヴェオリア・ウォーター
安全な水の供給

▷安全な水を安価に供給

　グラミン・ダノン・フーズに続き紹介するのは，同じくヨーロッパ企業との合弁で設立されたグラミン・ヴェオリア・ウォーターである。この合弁企業は，フランスの企業ヴェオリア・ウォーターと，グラミン・グループのグラミン・ヘルスケア・サービスが出資している。2009年にゴールマリという村（ユニオン）に浄水プラントを建設し，ユニオンに給水パイプを埋設し水道事業を開始した。ユニオンでの給水は，グラミン銀行メンバーの女性が「グラミン・ヴェオリア・レディ」となり給水タップの管理と，水の販売をおこなっている。これは女性たちの新たな収入源となっている。2010年には給水パイプを隣接するユニオンのパドゥアにも拡張し，さらに2011年にはゴールマリの水を20リットルの水ボトルに詰め，首都ダッカの企業のオフィス向けに販売する事業も開始した。

▷バングラデシュの水問題

　バングラデシュはガンジス川，ジャムナ川，メグナ川が流れる巨大なデルタ地帯を国土とした国である。そのため国土の大半が平坦な低地であり，水資源には恵まれている国である。毎年起こる河川の氾濫は国土全体の80％にもなり，肥沃な土壌を上流から運び堆積している。そのため稲作に適しており，狭い国土にかかわらず米の生産量は世界4位である。

　かつてバングラデシュの人々は，豊富な川や池の地表水を利用してきた。しかし地表水にはバクテリアが多く，地表水を飲むことで子供たちが下痢を起こし死亡する深刻な原因であった。そこで国際機関の援助を受けながら1970年代から1980年代にかけて約800万本の井戸が掘られた。1990年代

には井戸の数は1000万本を超えた。バングラデシュでは地下水も豊富であり，バングラデシュの95％の人々は地下水を利用できるはずだった。しかし，1993年，地下水からバングラデシュが定める基準値（$0.05\mathrm{mg}/\ell$）を超える濃度のヒ素がみつかった。地下水のヒ素はバングラデシュだけではなく，多くの国で問題となっている。そもそもヒ素はどこにでもある元素である。人体にとって問題となるのは高濃度のヒ素を飲料水とする時である。バングラデシュ砒素汚染対策・水供給プロジェクト（BAMWSP）が1999年に作成した資料では，調査した3534本の井戸のうち27％がヒ素で汚染され，バングラデシュに469ある郡（ウポジラ）のうち301ウポジラが汚染地域と報告されている。その後，2003年にBAMWSPや政府などがおこなった調査でも井戸の29％が汚染されていると報告された。現在でも3500万人がヒ素で汚染された危険な水を飲料しているとされ，ヒ素中毒の危険のなかで暮らしている。

▷グラミン・ヴェオリア・ウォーターの誕生

このようなヒ素の水問題をかかえるバングラデシュにおいて，浄水プラントを建設し安全な飲料用水を低価格で供給しようとするのが，グラミン・ヴェオリア・ウォーターのソーシャル・ビジネスである。グラミン・ヴェオリア・ウォーターは，2008年4月にムハマド・ユヌス氏とヴェオリア・エンバイロメントの会長兼CEO（最高経営責任者）であるアントワーヌ・フレロ氏により設立が発表された。ヴェオリア・ウォーターと，第2章で紹介したグラミン・ヘルスケア・サービスによる合弁企業である。

ヴェオリア・ウォーターという企業について概要を述べる。ヴェオリア・ウォーターは，ヴェオリア・エンバイロメントを親会社とし，上下水道の処理施設の施工や管理，産業用の水供給や産業排水処理，水再生事業など水事業全般に取り組むフランスの企業である。親会社であるヴェオリア・エンバイロメントは，160年以上の歴史を持ち，かつてはフランスの水道事業公社であった。現在は70カ国で事業を展開している。ヴェオリア・ウ

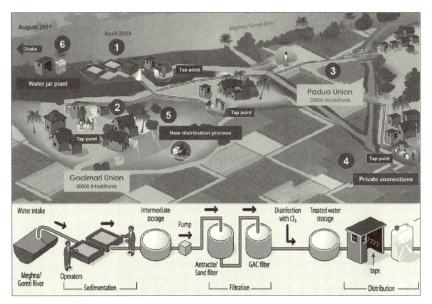

図表 3 − 2　ゴールマリのグラミン・ヴェオリア・ウォーター浄水施設と二つのユニオンへの水道供給の図。(出所:グラミン・ヴェオリア・ウォーター資料)

ォーターは，66カ国で事業をおこない約1億に飲用水を提供，また6300万人に下水処理サービスを提供している。貧困地域での水道や給水システムの構築や運営の経験も多く持ち合わせる企業である。日本にはヴェオリア・ウォーター・ジャパンがあり，自治体から水処理プラントの運用の受託や，企業の製造工場に使用する工業用水の供給や排水処理施設の建設や維持管理をおこなう事業を展開している。

　グラミン・ヴェオリア・ウォーターは，ヴェオリア・ウォーターとグラミン・ヘルスケア・サービスの二つの企業がそれぞれ50％を出資して設立された。先行事例としてグラミン・ダノン・フーズが存在していたため，そのビジネスモデルを学んだ後のスタートとなった。ヴェオリア・ウォーターはこれまで多くの開発途上国で水を供給してきた実績を持つ。しかしバングラデシュでは農村部に浄水プラントを建設し，農村部に給水システムを構築するこれまでにない事業に取り組んでいる。そのためヴェオリ

ア・ウォーターにとっても新たな経験を積むためのパイロット・プロジェクトとして位置づけられている。前章のグラミン・ダノン・フーズと同じく，ユヌス氏の『ソーシャル・ビジネス革命』のなかにグラミン・ヴェオリア・ウォーターの誕生のいきさつなどが詳しく紹介されているので目を通してほしい。事業の目標は，バングラデシュの10万人に安全な水を供給することを掲げている。その第一歩としてグラミン・ヴェオリア・ウォーターが最初の浄水プラントを建設した村（ユニオン）は，首都ダッカから50km東のゴールマリである。

▷グラミン・ヴェオリア・ウォーターの事業内容

ゴールマリの人口は約2万人である。このユニオンでは井戸の80％以上がヒ素に汚染されていることが報告されている。プロジェクトの第1段階は，ゴールマリに対して浄水プラントから水道を給水するために4kmの給水パイプを敷設し，水を供給することである。浄水プラントはメグナ川に面した場所に建設され，メグナ川に設置された取水場から河川の水を取り入れており，2009年4月より稼働している。翌年には第2段階としてゴールマリに隣接するパドゥアというユニオンにも給水パイプを敷設し，現在は13kmの給水パイプが敷設されている。パドゥアの人口も約2万人である。

浄水プラントは，ヴェオリア・ウォーターの浄水技術を用いている。メグナ川から汲み上げた河川水は，2重の活性炭フィルター，紫外線処理，微細なフィルター，逆浸透，オゾン処理，塩素滅菌といった過程を経て浄水される。ヒ素や鉄分，あらゆるタイプのバクテリアや有害物質が完全に除去されている。これは浄水プラントとしては一般的な仕組みである。浄水プラントは毎時10立方メートルの浄水能力を有しており，WHO（世界保健機関）の定める水準をクリアする安全な水が，全自動で作り出されている。1時間あたり10立方メートルという浄水能力は，浄水プラントとしては小規模である。これは住民が料理や飲料のみに浄水プラントからの水を利用することを想定したためであり，グラミン・ダノン・フーズから得た経験か

写真3-5 ゴールマリにあるグラミン・ヴェオリア・ウォーターの浄水プラント。メグナ川に面している。この建物の後ろに取水場がある。(2010年3月)

らソーシャル・ビジネスを「小さく始める」ことにもつながっている。水質のチェックは毎日おこなわれており，グラミン・ヴェオリア・ウォーターは，バングラデシュ国際下痢性疾患研究センター（ICDDR, B）を事業のパートナーとしており，ゴールマリの衛生状態についてはフランスのパリにあるヴェオリア研究センターでもモニターされ研究されている。

▷二つの販売チャンネルと課題

　ゴールマリとパドゥアには計55カ所に給水タップが整備されている。日本のように各家庭に水道が整備されるのではなく，給水タップのある場所まで水ボトルなどを持って水を汲みにいく必要がある。給水タップはコンクリートで作られた箱のなかに設置されている。給水タップの管理をおこない毎日決まった時間に水を販売するのはグラミン銀行のメンバーである女性たち，つまりグラミン・ヴェオリア・レディの仕事である。水の購入はグラミン銀行のメンバーでなくても可能である。グラミン・ヴェオリア・レディは給水タップの利用と管理，そして水の販売方法についてトレーニングを受けており，これも彼女たちにとっての新たなビジネスとなっている。浄水プラントで作られたのち，ユニオンに給水される水の価格は，以前は10リットルあたり3タカであったが，現在は2.5タカである。そのうち1リットルあたり0.05タカがグラミン・ヴェオリア・レディの収入とな

る。ゴールマリとパドゥアの合計7000人がグラミン・ヴェオリア・ウォーターの水にアクセスしている。

　グラミン・ヴェオリア・ウォーターが2009年に事業を開始して以来，ソーシャル・ビジネスとしてのいくつかの課題が明らかになっている。企業の運営や浄水技術の導入には問題はないため，ここでいう課題の内容とは水が売れないことである。この課題はある程度は予想されていた。そもそもユニオンの住人は水を買う習慣がない。都市部ではペットボトルの飲料水を買う習慣はあるのだが，農村部で日常的に利用する水にお金を払う必要性はない。ヒ素の人体への悪影響が明らかになるには，ヒ素が残留した水を飲み続けても数年後のことである。グラミン・ヴェオリア・ウォーターは，安全な水を飲むことの重要性や，ヒ素中毒の危険性についての啓発，教育の活動もユニオンでおこなっている。しかし，ヒ素は色も味もなく，またすぐに中毒症状が出るわけではないため，ヒ素の危険性を理解できたとしても，喫緊の課題とは心理的にとらえにくい。さらに，ユニオンの井戸でヒ素に汚染されているのは約80％である。残り20％の水は飲むことができる。特に裕福な家庭は深い井戸を掘ることができ，この井戸の水はヒ素に汚染されていない。

　また，グラミン・ヴェオリア・ウォーターの水は，都市部で販売される水と比較すると圧倒的に安価であるとはいえ有料である。そのため，できる限り価格を抑えないことには貧困層の人たちが水を購入することはできない。一人が一日に必要とする飲料水は5リットルとされており，6人家族では毎日30リットルの水の購入が必要である。水への支出は住民にとって軽い負担ではない。

　この課題を克服するために，いくつかの新しい販売チャンネルの開拓の模索がおこなわれた。一つ目のアイデアはユニオンにおいて比較的裕福な家庭には給水パイプを直接引き込み，水を日常的に多く利用してもらうアイデアである。現在，ユニオンに整備され給水タップとは別に，90の家庭と二つの学校にプライベートの給水タップが設置されている。家庭へ引き

写真3-6 浄水プラント前の給水タップから水を入れる女性たち。グラミン・ヴェオリア・レディが使用量を計算する。給水タップには量を計測するメーターが取り付けられている。(2010年3月)

写真3-7 初期型の給水タップと小屋。小屋はグラミン・レディが管理している。手前の棒状のものは，これから地下に埋設工事をおこなう給水パイプである。(2010年3月)

写真3-8 所得水準の高い家庭に設置された給水タップ。この写真では給水タップのある場所は炊事場ではない。(2010年3月)

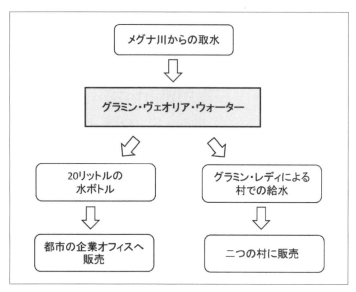

図表3－3　グラミン・ヴェオリア・ウォーターのビジネスモデル

込まれた給水タップは，日本の家庭に整備されている水道と同様の仕組みで，使用量を量るメーターも取り付けられている。

　二つ目のアイデアは，浄水プラントの水をボトルに詰めて，ダッカまで運び販売することである。これらのアイデアは，新しい販売チャンネルを開拓して得た利益を，ユニオンでの水価格を低く抑えることに使用する。つまりこれも「内部相互補助」アプローチであり，前節で紹介したグラミン・ダノン・フーズが農村部と都市部で異なる価格を設定している販売モデルと同様である。

　ダッカでの水の販売は2011年8月より開始された。ダッカにある企業などの法人オフィスを対象に20リットルの水のボトルを販売している。日本のオフィスでもよく目にするウォーター・サーバーと水ボトル配給のビジネスである。バングラデシュでは水道の水を飲むことはできないため，企業のオフィスでは必ずウォーター・サーバーが置かれている。ダッカで販売する水は，もちろんゴールマリにある浄水プラントで作られた水である。

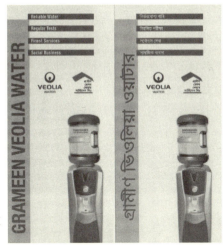

写真3-9　2011年に開始されたオフィス向け水ボトル配送事業のパンフレット。ベンガル語と英語で表記されている。ダッカの企業の事務所を販売ターゲットとしている。

　ゴールマリでボトルに詰められ，メグナ川を船で運ばれてダッカに到着する。水の配送は，グラミン・ディストリビューションが担当しており，ここでもグラミン・グループのネットワークが活用されている。ダッカの企業オフィス向け水ボトル市場の3％シェアを目指す。ユニオンでの水の販売，ダッカでのオフィス向けの水ボトル販売の販売チャンネルを比較すると，金額ではダッカが75％でユニオンは25％である。逆に販売水量ではダッカが30％，ユニオンが70％である。

　2015年以降はソーシャル・ビジネスとしての財政基盤を確実なものとするため，新たな浄水プラントの建設や都市部での水ボトルの販売強化が検討されている。

▷より低価格な水の供給の模索

　グラミン・ヴェオリア・ウォーターの初期の計画では，浄水プラントを複数の場所に建設し，10万人に水を供給するという目標であり，現在はその途中の段階にある。この目標の達成のためにはゴールマリでの事業の進展と，これまでの経験を活かしたビジネスモデルをどのようにスケールアウトすることができるか次第であろう。また現在は10リットル2.5タカの

写真3-10 紙のトークンを使いグラミン・ヴェオリア・レディが水を販売する。トークンの使用は，現金を持ち合わせていない場合でも水の購入を可能とするための工夫でもある。(2014年3月)

金額を，より購入しやすい価格である10リットル1タカへと値下げするための模索もおこなっている。これは6人の世帯で一日の飲料水の使用量を30リットルと想定し，水の購入に支出可能な金額から算出した価格である。この価格が実現すれば，ゴールマリとパドゥアの住民にとっては，日々の生活に必要な水をグラミン・ヴェオリア・ウォーターから調達することがこれまでよりも容易になる。

3
グラミンユーグレナ
緑豆による所得向上と栄養改善

▷**日本企業とグラミン・グループによるソーシャル・ビジネス**

　グラミン・グループと合弁企業を設立しソーシャル・ビジネスに取り組む動向は日本企業にもある。グラミンユーグレナは，バングラデシュで緑豆（もやし種子）を栽培する「緑豆プロジェクト」をおこなうことにより農村部で雇用を創出し，新しい農業技術を導入して生産量を増やすことで，所得の向上と生活水準の向上を目指すソーシャル・ビジネスである。同時に，「もやし食」の普及による貧困層への栄養状態の改善にも取り組む。グラミンユーグレナが生産した緑豆は，日本への輸出用と現地での販売用に選別される。日本へ輸出された緑豆は，ユーグレナが販売するもやしの原料として使用される。

▷**農村部の所得向上と栄養状態の改善**

　バングラデシュ統計局が発表している地域別の貧困率では，バングラデシュ北西部のラジシャヒ管区が最も高い貧困率の地域である。これに西部のクルナ管区が続き，どちらもバングラデシュの西部にある地域である。バングラデシュの経済成長は著しいが，その経済成長を牽引するのは首都ダッカやチッタゴンという都市である。これらの都市にアクセスするために有利なバングラデシュの東部の地域は経済発展の恩恵を被っており，西部に比べると貧困率が低い。バングラデシュの貧困問題はそれぞれの地域に等しく存在しているのではなく，地域間の格差が現れているのである。経済発展に牽引されて所得水準があがると，人々の栄養状態も改善される。地域間に格差が現れた結果，バングラデシュの西部地域では栄養状態の改善も必要となる。グラミン・ダノン・フーズが工場を建設したボグラも西

部地域である。これらの地域では主要産業である農業を通した所得向上や生活水準の向上が求められる。

▷ユーグレナとグラミン・クリシ財団

グラミンユーグレナは，日本の企業であるユーグレナとグラミン・グループのなかのグラミン・クリシ財団との合弁企業である。「クリシ」とは農業を意味する。日本企業のグラミン・グループとの合弁企業の事例は，他にもグラミンユニクロが存在する。

ユーグレナは，ミドリムシを中心とした微細藻類に関する研究開発，および生産，販売などをおこなう企業である。ユーグレナは，バングラデシュとは縁が深い。代表取締役の出雲充氏は大学生の時にグラミン銀行でインターンをおこなった。その際，バングラデシュでは炭水化物は取れたとしても，微量栄養素などを十分に取得できない栄養失調の状態に置かれる人々の姿を目の当たりにした。そこで抱いた貧困問題や栄養失調の解決に対する思いが，ユーグレナ創業の理念として刻まれている。ユーグレナは2014年3月から「ユーグレナGENKIプログラム」をおこなっており，バングラデシュの子供たちにとって不足している栄養素を強化したユーグレナクッキーを配布している。

一方，グラミン・グループはグラミン・クリシ財団が合弁相手となる。グラミン・クリシ財団は，1986年にラジシャヒ管区のランプールとディナジャプールでグラミン銀行がおこなった灌漑事業を引き継ぎ，1991年に設立された。そのため本部はランプールにあり，エリア・オフィスなどもその周辺に構える。加えて，ダッカのグラミン銀行本部ビル内にはリエゾン・オフィスを持つ。ランプールという町はダッカから北へ350kmほど離れており，ダッカからの車移動には7時間程度を要する。グラミン・クリシ財団の主な活動内容は，特に女性のエンパワーメントを重視しながら農民の所得と就業機会の向上，休閑地への適切な種類の農作物の作付けや，農作物の種子の管理などの農業技術の指導をおこなっている。また酪農や養鶏，

漁業を含めた農業開発を目的としたローンの貸し付けもおこなっている。

▷合弁企業設立までの道のり

　グラミンユーグレナの設立に至る道のりは，2010年1月に，九州大学のアシル・アハメッド（本書の著者）がプロジェクト・ディレクターを務めるバングラデシュのグローバル・コミュニケーション・センター（GCC）と一橋大学の米倉誠一郎教授が主催したバングラデシュへの視察ツアーに，当時，日本の企業「雪国まいたけ」に所属していた佐竹右行氏が参加したことから始まる。かつて金融業界に身を置いた佐竹右行氏は，現在の資本主義の歪みに対する疑念を抱いており，またグラミン銀行のマイクロファイナンスやソーシャル・ビジネスという社会経済のアプローチに興味を持っていた。首都ダッカのような大都市だけではなく，エクラスプールという農村で学生たちと8日間を過ごすことでバングラデシュの様々な現状について知ることになった。

　次にユーグレナがバングラデシュで緑豆の生産を必要とする理由は，もやしの原料となる緑豆の価格高騰による。もやしは日本のスーパーマーケットで非常に安く販売されているため，原料となる緑豆の調達について消費者が危機を感じることは少ない。しかし日本で使用される緑豆の85％は中国からの輸入に依存している状態である。その緑豆は中国の経済発展による中国国内での需要の増大や，トウモロコシなどへの転作，干ばつによる不作，また東南アジア地域での需要増大が重なり，緑豆の価格が高騰している。中国以外の15％を輸入する相手国はミャンマーである。2008年にグラミン・ダノン・フーズが仕入れる牛乳価格が高騰した原因は世界的な穀物価格の上昇であった。緑豆の価格もその高騰の例に漏れず，日本への輸入価格は3年で約2倍となった。緑豆の輸入価格が上昇したとしても，日本のスーパーマーケットではもやしの価格に転嫁することは難しい。それどころか，今後は中国から輸入そのものができなくなる可能性があり，そうなると日本でもやしを生産することができなくなる。これは日本の食

写真3-11 グラミン銀行の総裁室にてムハマド・ユヌス氏と佐竹右行氏による会議がおこなわれた。この会議でのプレゼンテーションが合弁企業を設立する出発点となった。(2010年6月)

生活に大きな影響を及ぼす問題である。ユーグレナではこの問題に対応するため、輸入先の国を中国以外の国、つまりバングラデシュを新たな緑豆の輸入先として開拓することで、安価で安定した緑豆の輸入を実現する必要がある。また、バングラデシュで緑豆の生産までを管理することで、ユーグレナが要求する高い品質基準を追求することができ、日本の食の安心・安全に寄与することになる。

このように、日本の社会が抱える緑豆の安定的な輸入先の確保という課題を克服する方法を模索しつつ、佐竹右行氏はバングラデシュでの視察ツアーでの経験を活かしソーシャル・ビジネスのアイデアを練り上げていった。2010年6月、九州大学アシル・アハメッドの仲介により、佐竹右行氏はムハマド・ユヌス氏の前でソーシャル・ビジネスのアイデアのプレゼンテーションをおこなった。農業分野での新たなソーシャル・ビジネスに対するムハマド・ユヌス氏の評価は非常に高く、プレゼンテーションの翌日にはユヌス氏からの提案で再度の会議の場がもたれ、合弁企業の設立に向けた準備が開始された。

グラミン・グループのなかでソーシャル・ビジネスの普及啓発や、合弁企業の設立に対応するのはユヌス・センターである。佐竹右行氏は、ムハマド・ユヌス氏をはじめとするユヌス・センターのスタッフとのタフな交渉を繰り返しつつ、同時に社内での合弁企業設立の同意を得るという非常

にハードルの高い問題に立ち向かう必要があった。役員会に提案したとしても，バングラデシュという国にまったくなじみのない役員が新規事業の提案をすんなりと受け入れることは困難である。そこで，社外からの客観的な評価を得るべくJETRO（日本貿易振興機構）の2010年度開発輸入企画実証事業に申請し，高い競争率のなか採択されることになった。またJICA（国際協力機構）のBOPビジネス連携促進の協力準備調査にも採択され，事業立ち上げの現地調査費用を獲得することができた。政府機関の補助事業に採択されたことで，資金の確保の意味だけではなく，社内での新規事業立ち上げの強力な説得材料となった。また2010年7月にムハマド・ユヌス氏が来日し，総理大臣をはじめ日本の要人との会談に続けて雪国まいたけ社長とも面会し，マスコミを通して世間の注目を集めることになった。

　合弁企業である「グラミン・雪国まいたけ」の設立は2010年10月である。ダッカのグラミン銀行本部にて，ムハマド・ユヌス氏，雪国まいたけ，そして九州大学の3者によりグラミン・雪国まいたけの設立の契約を締結した。資本金は10万ドルで，雪国まいたけが7万5000ドル，グラミン・クリシ財団が2万5000ドルである。この合弁企業の誕生は，佐竹右行氏がムハマド・ユヌス氏と初めての会議をおこなってからわずか4カ月後のことである。その後，2014年10月，ユーグレナがグラミン・雪国まいたけの株式を取得し，新たにグラミンユーグレナが誕生した。

▷グラミンユーグレナのソーシャル・ビジネス

　グラミンユーグレナのソーシャル・ビジネスとは，バングラデシュのなかでも特に所得の低い地域において，緑豆の生産と緑豆の販売を通して人々の雇用の確保と所得の向上をおこない，もやし食を中心とする豆食による栄養状態の改善を目指すものである。

　バングラデシュは経済発展が著しい国である。しかし，人口の約7割は農村部に居住しており，農村部の所得水準は都市部と比べると低い。農村

部の所得の向上を目指して産業の誘致を図ろうとしても，電力などのインフラが整わない状況で工場を農村部に立地させることには限界がある。そのため，農村部で人々の雇用を生み出し，所得の向上を目指すために農業での新規事業が有望となる。この要求に応えるのが，グラミンユーグレナのソーシャル・ビジネスである。

グラミンユーグレナでは農村に3種類の雇用を生み出す。まずは，緑豆を栽培する雇用である。緑豆の栽培には，日本より栽培技術を導入することで収穫量を増大させる。農家が緑豆を栽培するためには種子の購入が必要である。種子の購入資金はグラミン・クリシ財団のマイクロクレジットを利用することができる。次に，生産された緑豆を選別する作業の雇用である。次に，生産した緑豆の選別作業である。大規模な機械化がなされていないため，女性たちが手作業でおこなう。緑豆の大きさや品質による選別作業は重要なプロセスであり，女性たちに新たな収入をもたらす。グラミンユーグレナでは選別作業にも新しい選別技術を導入することで緑豆の商品としての品質を向上させている。三つ目は緑豆のバングラデシュでの販売での雇用である。

生産した緑豆の販売先は二つに分かれる。日本のユーグレナと，バングラデシュの地元のマーケットである。緑豆は大きさで選別され，日本のもやしの原料として必要な4mm以上のものは日本へと輸出される。それよりも小さいサイズはグラミン・クリシ財団が買い取り，地元で販売する。収穫量の約7割を日本への輸出，約3割をバングラデシュ国内での消費向けとすることを計画している。一つのソーシャル・ビジネスに二つの販売ルートを持ち，それらを組み合わせることでソーシャル・ビジネスの継続性を確保する手法は，グラミン・ダノン・フーズやグラミン・ヴェオリア・ウォーターと同様である。グラミンユーグレナはソーシャル・ビジネスであるため，緑豆の販売から得た利益はこの事業推進や，貧困層の農民の福祉などの生活向上や奨学金などにも活用するとしている。

バングラデシュでは，いわゆる「カレー」や，スープの「ダル」に豆を

入れて食べる習慣がある。バングラデシュで食料品を扱うマーケットに行くと，様々な種類の豆が売られている。これらの豆のサイズは，日本人がよく知る大豆などの豆類よりも小ぶりであり，バングラデシュの食習慣に適応した大きさに揃えられている。グラミンユーグレナが日本に輸出する緑豆は，4mmよりも大きいサイズのものだけである。このような大型の豆はバングラデシュの人々にとって料理の材料としてなじみがなく，日本が必要とする緑豆とバングラデシュの人々が緑豆に求めるニーズは重複しない。

　グラミンユーグレナのソーシャル・ビジネスでは，もやし食による貧困層の栄養状態の改善を掲げている。バングラデシュでは，もやしを食べる習慣がない。もやしがまったく売られていないわけではないが，ごくわずかである。緑豆はそのまま食べるよりも，もやしとして食べた方が，発芽によって合成されるビタミン類やアミノ酸などが増加しているため豊富な栄養素を補給することができる。そこで，グラミンユーグレナでは，バングラデシュの地元のマーケットにおいて販売する小粒の緑豆をカレーやダルの材料として使うだけではなく，より健康的なもやし食の普及を促進する計画である。

　このようにグラミンユーグレナのソーシャル・ビジネスは，バングラデシュの貧しい農村部の人々の生活改善に寄与する。加えて，日本に輸出された緑豆がもたらすメリットについても理解しておく必要がある。グラミンユーグレナは，ソーシャル・ビジネスであるため，緑豆は高く買い上げており，小粒のものについては安く販売している。中国産の緑豆の価格が高騰しているため，安価で大量の労働力が確保できるバングラデシュで生産した緑豆をバングラデシュにおける通常の価格よりも高く買い上げて日本に輸入したとしても，ユーグレナは中国産の価格より安く緑豆を確保することができるのである。

　ユーグレナは，グラミン・グループとソーシャル・ビジネスをおこなうことで，グラミン・グループが持つバングラデシュでの資産を最大限に活

第3章 バングラデシュでの合弁企業

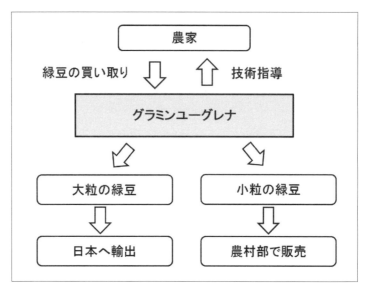

図表3-4　グラミンユーグレナのビジネスモデル

用することに成功した。日本の企業が単独でバングラデシュに進出し、緑豆の栽培事業を農村部で大規模に開始することは極めて困難である。中小規模の企業が開発途上国に進出し、現地マーケットを開拓しビジネスをおこなう際、信頼できる現地パートナー探しは最重要課題であり、ビジネス成功のためのセオリーである。グラミンユーグレナのソーシャル・ビジネスは、このセオリーを守った事例といえる。

▷緑豆栽培の開始

　ここからは、グラミンユーグレナのバングラデシュにおける実際の活動について説明する。グラミンユーグレナの本社オフィスはダッカのグラミン銀行本部ビルのなかに入居している。日本のユーグレナから少人数ではあるが精鋭の社員が派遣され、ソーシャル・ビジネスの運営を担当している。初期の緑豆栽培の拠点はグラミン・クリシ財団が本部を置くラジシャヒ管区ランプールにあったため、毎日のように移動を繰り返していた。ラ

ンプールは，先に事例紹介したグラミン・ダノン・フーズが工場を構えるボグラよりもさらに北部にあり，ダッカからは車で7時間程度かかる。さらに，緑豆の栽培をしている農家はバングラデシュとインドの国境近くにまで分布しているため，緑豆の圃場(ほじょう)へアクセスするには時間がかかる。

　ランプールを拠点としてラジシャヒ管区での緑豆生産を推薦したのは，ムハマド・ユヌス氏である。バングラデシュのなかでも所得水準が低い地域であり，そのためにグラミン・クリシ財団が本部を構えている。しかしこの地域が緑豆の栽培に適しているのかどうかは別問題であり，これまで中国からの輸入に頼っていた緑豆をバングラデシュの気候風土においてどの程度の収量と品質を確保できるのかは実験栽培をするまでは十分に検証ができなかった。グラミンユーグレナの設立に向けた準備を進めるなかで，JETROやJICAから獲得した補助金を活用し，バングラデシュに適した種類の緑豆の種子の選択と実験的な栽培をおこなった。緑豆の種子は，つくば市の農業生物資源研究所へ相談し，農業生物資源ジーンバンクより11種類の提供を受けた。バンガバンドゥ・シェイク・ムジブル・ラフマン農業大学（BSMRAU）のアビア・ラーマン准教授の協力により，大学の実験圃場にて試験栽培することで，バングラデシュでの緑豆栽培の状態を把握した。この大学は1998年に設立された国立大学で，これまでに九州大学農学部と九州大学熱帯農学研究センターが1985年から10年間にわたりJICAのプロジェクト方式技術協力をおこなってきたため，日本とのつながりの強い大学である。

　緑豆の実験栽培と並行して，緑豆の栽培をする農家に対しての説明会を開催した。これには当時のグラミン・雪国まいたけとグラミン・クリシ財団からのスタッフに加えて，バンガバンドゥ・シェイク・ムジブル・ラフマン農業大学の協力により説明会を開催した。説明会では事業の主旨や緑豆の栽培方法のプレゼンテーション，また緑豆の選別作業に関わる内容を指導するワークショップなどがおこなわれた。バングラデシュ北部に位置するランプールを拠点とした説明会は，グラミン・クリシ財団がこれまで

写真3-12 緑豆栽培の説明会。説明会には数十名の人々が集まり熱心に聞き入る。グラミン・クリシ財団からマイクロクレジットで融資を受けている農民も多い。（2011年2月）

写真3-13 説明会での緑豆の作付け方法のデモンストレーション。まっすぐな畝を作り規定の深さに間隔を広く種を植える手法は現地の栽培方法とは異なる。生産性を上げる農業技術である。（2011年2月）

写真3-14 グラミンユーグレナの本部オフィスに展示されている緑豆のサンプル。（2014年11月）

に構築してきた農民とのネットワークがあるからこそ開催できたといえる。

　大学の実験栽培と，グラミン・クリシ財団の直営圃場および51の小規模農家での栽培では，国外から持ち込んだ種子はウイルス抵抗が弱く病害虫対策が必要であることや，日本に輸出できるサイズにまで緑豆を大きく成長させるための播種の方法などの課題が浮かび上がった。農家への説明会を繰り返しつつ，浮かび上がった課題に対応する栽培マニュアルをベンガル語で作成し，現地の農民による緑豆栽培の実証を継続した。グラミンユーグレナでは，緑豆の栽培に使用する農薬も厳しく管理している。現地で実際に農家が購入しやすく効果が把握されている農薬のみの使用を許可している。初期の実験栽培の段階では十分な収穫量を達成することができないこともあり農家への補償をおこなったこともある。このような苦労を乗り越えて，現在へは日本への輸入が可能な緑豆を収穫できる体勢が整っている。さらに残留農薬などの品質調査を繰り返し，高品質な緑豆の収穫が達成されるようになった。

▷日本への輸出と活動の現状

　実験栽培の時期を経て，グラミンユーグレナの緑豆生産は，急速に地域を増やし，作付け面積も拡大している。この事業の拡大のスピードと規模の大きさは，グラミン・クリシ財団がこれまでに取り組んできたプロジェクトの経験を遙かに上回る内容である。これを実現しているのは，日本のユーグレナからバングラデシュに派遣されている精鋭チームのビジネスの実行能力によるものである。同時に多地域に拡大した広大な圃場の状態の把握や，数千名にものぼる農民たちの管理には，ICT（情報通信技術）を活用している。グローバル・コミュニケーション・センター（GCC）が開発，運用するマネジメントシステムをグラミンユーグレナは使用しており，圃場の病害虫の発生の様子や収穫についてのデータや，緑豆を生産している各農家についての情報も一括管理できるようになっている。

　グラミンユーグレナの緑豆の生産は，2011年までの実験栽培の期間を終

え，2012年3月に作付けし6月から7月に収穫時期を迎える緑豆は日本への輸出を念頭においた収穫となった。2012年12月には初めての日本への出荷がおこなわれた。2015年のグラミンユーグレナの報告では，2200の契約農家が事業に参加しており，1750ヘクタールの土地で収穫がおこなわれている。1500トンの収穫のうち，約半分が日本へ輸出されている。2016年6月にはバングラデシュ政府系のビジネス開発組織であるPKSF（パッリ・カルマ・ショヒャヤック財団）と提携し業務拡大を目指すことを発表している。グラミンユーグレナの緑豆プロジェクトが軌道に乗る時期を迎えた今こそ，ソーシャル・ビジネスとしてのソーシャル・インパクトの測定をおこない，その拡大の模索に向かい合う時期に来ているといえるだろう。

4 合弁企業の広がり

▷ BASF グラミン

　ここまでは合弁企業の事例としてグラミン・ダノン・フーズ，グラミン・ヴェオリア・ウォーター，そしてグラミンユーグレナを取り上げ，合弁企業がバングラデシュで実践するソーシャル・ビジネスの姿を紹介した。本節ではこの他の合弁企業の事例についてまとめる。

　まずは，BASF グラミンを紹介する。BASF はドイツに本社を置く化学企業である。2009年3月に設立に調印し，グラミン・ヘルスケア・トラストとの合弁企業を設立した。BASF グラミンは，マラリア感染を防ぐことを目的に防虫処理を施した繊維で作られた蚊帳（モスキート・ネット）の販売や，食事に付加する微量栄養素のサプリメントによる健康改善に取り組む。蚊帳は2009年10月より販売を開始している。ガジプールという場所にあるグラミン・ソーシャル・ビジネス・インダストリアル・パークでは，2012年1月から蚊帳の製造工場が稼働している。防虫成分は最大5年持続する。防虫処理を施した高品質な蚊帳は一般の蚊帳に比べて価格が高い。そのためリースなど販売にも工夫をこらしている。BASF グラミンの蚊帳が使用されるのはバングラデシュの東部，チッタゴンからミャンマー側やインド側にかけてマラリアが発生している地域である。BASF グラミンの蚊帳は，第2章で紹介したグラミン・ディストリビューションでも販売されている。

▷グラミン・インテル・ソーシャル・ビジネス

　グラミン・インテル・ソーシャル・ビジネスは，コンピューターのCPUなどの部品を製造する有名な企業であるインテルとの合弁企業である。

第3章 バングラデシュでの合弁企業

写真3-15 グラミン・ソーシャル・ビジネス・インダストリアル・パークにある BASF グラミンの工場。蚊帳のネットを織る巨大な装置も設置されておいる。写真は蚊帳をミシンで縫製する作業場。(2012年6月)

2009年に誕生した。会社名にソーシャル・ビジネスと付いているが,パイロット事業から開始しており,事業性の確立を将来的に目指す。農業,ヘルスケアや医療,教育の三つの分野を対象に,インターネットや携帯電話,スマートフォンで使用できるソフトウェアやオンライン・サービスの開発をおこなっている。半導体の製造をおこなうわけではないため,工場などの大規模な設備は保有していない。パイロット事業のフィールドはバングラデシュとインドである。2014年からはカンボジアでも事業を開始した。現在は農業分野を対象としたソフトウェアとオンライン・サービスの開発を中心に事業を展開している。

▷グラミンユニクロ

グラミンユニクロは,日本の企業であるユニクロと,グラミン・ヘルスケア・トラストによる合弁企業である。2010年に設立された。ユニクロは,ユニクロ・ソーシャル・ビジネス・バングラデシュという現地法人を設立しており,正確にはこのユニクロの現地法人との合弁となる。出資比率は99％がユニクロ・ソーシャル・ビジネス・バングラデシュであり,グラミン・ヘルスケア・トラストは1％のみである。グラミンユニクロの目的は,高品質で入手しやすい価格の服や衛生用品を通した人々の生活向上への貢献や,グラミンユニクロ製品を製造,販売するネットワークをバングラデ

写真3-16 ダッカにあるグラミンユニクロの店舗。(2014年3月)

シュの国内に構築することで人々に新たな雇用機会を提供することである。服の生地には日本で培われた技術が導入されており，低価格でも快適に過ごせる製品を供給している。また，農村部の女性を対象に繰り返し使用できる衛生用品の販売や，同時に衛生教育も提供している。

　バングラデシュは，縫製産業の成長が著しい。人件費が高騰している中国からバングラデシュへと生産拠点が移行しているのである。首都ダッカの町中でもビルを見上げるとミシンが動き続ける縫製工場がいたるところにあり，郊外や工業団地へ行けば巨大な縫製工場が建ち並ぶ姿を見ることができる。ユニクロだけではないが，多くの服がバングラデシュで生産されるようになっている。日本のユニクロで販売されている商品を製造する工場と，グラミンユニクロ向けの商品を製造する工場とは別である。

　グラミンユニクロはいくつかの販売チャンネルの開拓を試みた。まずはグラミン・レディによる訪問販売である。グラミン・ダノン・フーズなどと同じく，女性たちが家々を訪問して販売する方式である。また，「グラミン・バイボサ・ビカーシュ」や「グラミン・サムグリー」を通しての販売もおこなっている。グラミン・バイボサ・ビカーシュは小規模なビジネスのプロモーションをおこない，グラミン・サムグリーは「グラミン・チェック」などの被服の製造と販売をおこなう組織である。ランプール，ボグラ，コミラ，チャンドプールの町で販売している。これらの商品流通はグ

ラミン・ディストリビューションが担当している。またコーポレート・ショップでもグラミンユニクロの商品を取り扱い、さらにこの他にも自動車による移動販売方式のモバイル・ストアーでの販売もおこなったことがある。2013年6月からは、ダッカにグラミンユニクロの店舗を開いた。現在は9店舗を営業している。店舗は日本と似たデザインになっている。ユニクロの海外事業は欧米、中国、東南アジアなどに展開されており、どこの国の店舗でも服のデザインのコンセプトは類似している。しかしグラミンユニクロの店舗で扱う商品のデザインはバングラデシュに特化しており、またバングラデシュで製造した服を販売している。

▷その他の合弁企業などの動向

　この他の事例についてもいくつか紹介しておく。ドイツの通信販売企業オットーと、グラミン・トラストとの合弁企業にオットー・グラミンがある。オットー・グラミンは、バングラデシュでテキスタイル（布地）や衣類を生産し輸出する事業をおこなう。「オットー・グラミン・トラスト」がオットー・グラミンを所有する形式とし、グラミン銀行のように貧しい人々が所有するソーシャル・ビジネスとする計画である。

　また、アディダスとの合弁企業では、低価格の靴を販売することで、特に子供たちの足の怪我を減らすことに貢献している。開発途上国では靴を履かないで歩くことで足に深い傷をつくり、それが感染の原因となり大きな健康被害を引き起こしている。バングラデシュでもこの状況は同じであり、靴を履くことを習慣づける必要がある。

第4章

グラミン・モデルの世界への展開

1
グラミン・アメリカ
アメリカ版グラミン銀行の活躍

▷**ニューヨークに根付くグラミン銀行モデルのマイクロファイナンス**

　グラミン・アメリカは，その名前の通りアメリカでマイクロファイナンスの事業をおこなっている。バングラデシュで誕生したグラミン銀行をモデルとしたマイクロファイナンスは世界に広く普及している。それは開発途上国だけではなくアメリカのような先進国も含まれる。2008年10月にニューヨークのクイーンズ区ジャクソンハイツに最初の支店を開設した。2016年末の時点で，アメリカの12都市で支店を開設しており，借り手は8万1100人，ローンの返済率は99％である。

　グラミン・アメリカのマイクロファイナンスの手法は，グラミン銀行のマイクロファイナンスの基本的なモデルを変更することなしにアメリカに適応させている。ローンの借り手はアメリカ連邦政府が設定した貧困ライン以下の所得水準の女性で，主に中南米からの移民であるヒスパニック系アメリカ人をターゲットとしている。グラミン・アメリカがターゲットとするのは，既存のマイクロファイナンス機関ではローンの貸し出しの対象とならない特に所得水準の低い貧困層の人たちである。グラミン・アメリカはローンの借り手を小規模なビジネスをおこなう起業家（アントレプレナー）と設定しており，借り手はローンで得た資金をビジネスの拡大や新規ビジネスの開始に使用する。

　グラミン・アメリカは次に示す五つのソーシャル・インパクトの提供を掲げている。まずは，コミュニティ・ビルディングである。ローンを借りるために5人でグループを形成し，複数のグループがセンターに所属する。相互に助け合うことができるメンバー同士の社会的なネットワークを構築する。次に，借り手であるメンバーは銀行口座を開き，毎週貯金をおこな

い資産を形成する。三つ目に金融リテラシーの向上であり，グラミン・アメリカは金融教育プログラムを実施している。四つ目に，クレジット・ビルディングである。クレジットとは金融における個人の信用情報のことである。グラミン・アメリカでローンを返済することにより信用を蓄積する。最後に，借り手が新たなビジネスを拡大するためのアイデアや取り組みへの支援である。

▷アメリカの貧困問題

　グラミン・アメリカがアメリカで事業を開始するに至った背景を整理する。アメリカといえば「豊かな先進国」というイメージを持つ人が多いことだろう。そして同時に，所得格差の大きい社会であることも認識されている。アメリカ国勢調査局の2015年のデータによると，アメリカ人の13.5％が貧困ラインを下回る生活を送っている。前年度の14.8％から改善が見られるが，7人に一人の割合である。またアメリカ農務省のフードスタンプ（補助的栄養支援プログラム，低所得者を対象とした食料品の購入支援プログラム）の受給者は2013年の約4763万人をピークに，2016年は改善が見られるが約4421万人もの受給者数となっている。

　次に，貧困層の人たちによる銀行の利用や，金融サービスへのアクセスに目を向ける。日本で生活する我々の身の回りには銀行だけではなくコンビニエンス・ストアでもATM（現金自動預け払い機）が設置され，インターネットによるオンライン・バンキングもすでに一般的な存在である。日本では誰しもが銀行口座を持つことは難しくなく，銀行や各種の金融サービスにアクセスできる。世界銀行のグローバル・フィンデックス（Global Findex）のデータベースによると，一日2ドル未満で生活する貧困層の75％が銀行口座を持っていない。グラミン・アメリカの資料では，アメリカの2800万人が銀行口座を持っておらず，また4800万人が銀行での取り引きをおこなうことができない状態であるとしている。所得水準，教育レベル，保証人や担保，銀行口座からの公共料金などの支払いの履歴が金融的

な信用の確立に必要とされるため，移民などの貧困層は金融サービスから排除されてしまう。銀行口座を持たない人たちは，貯蓄が難しいため資産が形成できず，教育を受けたり，ビジネスを始めるためのローンを組むこともできない。お金を借りるには金利の高い貸金業者を頼るほかなく，その年利は平均400％，短期のローンであれば390％から780％という高い金利が設定されており，ローンを借りると返済に追われ貧困から抜け出すことが難しくなってしまう。

▷グラミン・アメリカの設立と拡大

グラミン・アメリカは，2008年1月にクイーンズ区ジャクソンハイツに最初の支店を開設した。アメリカの内国歳入庁の第501条C項3号に規定されるNPO（非営利法人）である。銀行ではないため，融資（ローン）の利用者がグラミン・アメリカに預金口座を持つことはできない。2010年5月にはマンハッタン区，ブルックリン区にも支店が拡大された。どの支店が立地する場所も移民が多く暮らす場所である。これら3支店とは別にブロードウェイにもオフィスがあり，グラミン・アメリカの本部の住所となっている。ニューヨークの中心部であるブロードウェイに立地するこのオフィスは，主にファンドレイジングを目的としたものである。オフィスにはグラミン・アメリカの活動を紹介するための写真や資料が置かれている。通常はブロードウェイのオフィスではマイクロファイナンスの業務はおこなわれていないため，グラミン・アメリカのメンバーがこのオフィスを訪れることはない。

ニューヨーク以外にも支店は拡大している。2009年6月にネブラスカ州オハマ支店を開設した。また新しい支店として2011年8月にインディアナ州インディアナポリス支店，2012年4月にはカリフォルニア州のベイエリア支店が誕生した。カリフォルニア州にはロサンゼルスとサンノゼにも支店がある。2014年にはテキサス州オースティンにも支店を開設し，アメリカを横断して支店が拡大している。

写真4－1　マンハッタン支店と周辺。アッパーマンハッタンの北端，地下鉄の207St駅前に立地する。右側の建物2階にオフィスがあり，壁面上部にグラミン・アメリカの看板が小さく掲げられている。1階は衣料品店で，周辺は小規模な商店やレストランが軒を連ねる。（2010年11月）

写真4－2　クイーンズ区ジャクソンハイツ支店。建物の2階にあり，1階はクリーニング店である。（2010年11月）

　アメリカに，グラミン・アメリカという新たなマイクロファイナンス機関を誘致した中心人物は，グラミン・アメリカでプレジデントを務めるヴィダル・ジョーゼンセン氏である。ヴィダル氏はグラミン・アメリカの必要性や基本的なコンセプトについて，ムハマド・ユヌス氏のもとを何度も訪問して説明を繰り返し，グラミン・アメリカの実際の運営開始に結びつけた。

　アメリカにはワシントンDCにグラミン財団という組織がある。本章の次節で紹介する通り世界中のマイクロファイナンス機関や貧困削減に取り組む組織に対して資金や技術の援助をおこなっている。グラミン・アメリカに関しては，グラミン財団とは別の組織である。

▷アメリカに適応されるグラミン銀行のモデル

　グラミン・アメリカでローンを受ける手順と仕組みを説明する。グラミン銀行のマイクロクレジットの仕組みそのものはすでに世界中で実践されており，社会経済の状況が異なる国々でもバングラデシュと同じ手法が受け入れられている。グラミン・アメリカもグラミン銀行のモデルの内容を変更せずに導入している。

　グラミン・アメリカのターゲットとなるのは貧困ライン以下で生活する女性であり，メンバーの90％以上が中南米出身のヒスパニック系アメリカ人である。アメリカではヒスパニックの人口が急増している。ヒスパニックの増加の背景には，移民の増加がある。ヒスパニック人口の約4割は，中南米諸国から近年アメリカに移民した人たちである。メンバーは，これまで銀行口座を開設したことがなく，金融サービスへのアクセスが困難であった人たちである。

　グラミン・アメリカのメンバーになるためには，銀行口座，担保となる財産，保証人，クレジット・ヒストリーのような信用情報は必要ない。貧困ライン以下の生活をしており，ビジネスの将来展望を持ち，5人のグループを形成でき，グループやコミュニティと密接な生活を営むこと，である。また家族のなかで1名のみが融資を受けることができる。ローンの目的として，小規模なビジネスを開始もしくは拡大のための資金として貸し出される。生活費の補充の目的ではローンを借りることはできない。まず，同様にローンを必要としている女性を見つけ5人でグループを作る。グループのメンバーは，それぞれの家までの距離が歩いて行き来できる範囲内である必要がある。八つのグループが集まって「センター」を形成する。借り手は，グループとセンターに所属し，地域コミュニティの一員として活動するように促される。メンバーのそれぞれが相互扶助の社会的ネットワークに自発的に参加し，お互いに責任感を持ちながら助け合うことができるようになることが，グラミン・アメリカの狙いである。

　グループを形成すると，まず5日間の金融に関する基礎的な知識を得る

ローンの金額	毎週の返済額	期間（月）	返済の総額
500ドル	20ドル＋1ドル＝21ドル	6	518ドル
500ドル	10ドル＋1ドル＝11ドル	12	536ドル
1000ドル	40ドル＋2ドル＝42ドル	6	1038ドル
1000ドル	20ドル＋2ドル＝22ドル	12	1075ドル
1500ドル	60ドル＋3ドル＝63ドル	6	1556ドル
1500ドル	30ドル＋3ドル＝33ドル	12	1612ドル

図表4－1　グラミン・アメリカのローンの例。グラミン・アメリカがニューヨークで配布するパンフレットやチラシに例示されているローンと返済金額の例である。

ための金融リテラシーを身につけるトレーニングを受ける。トレーニングは，ローンについて利子や返済の方法を学ぶだけではなく，小規模なビジネスの運営や税金，福祉や教育についての内容も含まれる。グラミン・アメリカはメンバーの金融リテラシーの教育を重視しているため，金融のトレーニングも継続され，年に55時間のトレーニングを受ける。

　グラミン・アメリカは銀行ではないため，顧客から預金を預かることはできない。そのためローンを借りるメンバーは，グラミン・アメリカが提携しているシティバンクやウェルズ・ファーゴなどに銀行口座を開設する。グラミン・アメリカに新たにメンバーとして加わる人たちは銀行口座を持っていない。そのためこれがメンバーにとって初めての銀行口座であり，ようやく銀行の金融サービスを受ける素地ができるのである。銀行口座は，ローンの返済が終わった後も利用することができる。

　ローンを借りた後，5人グループで週に1回，ミーティングを開く。このミーティングは必ずグラミン・アメリカのスタッフであるセンターマネージャーが参加し，グループのビジネスの確認とアドバイスをおこなう。借り手の年間の収入は，平均すると1500ドル以下である。そのため初回のローンは返済が容易な500ドルから1500ドルという金額に設定されている。返済のための期間は半年もしくは1年を選択する。ローンを完済してしま

うと，次のローンを申し込むことができ，金額を増やすことが可能である。

グラミン・アメリカでは借り手に対して貯金をすることを強く奨励している。ローンを借りるための5日間の金融リテラシーのトレーニング期間の間も，毎日2ドルを貯金することが求められる。また，借り手はどのように貯蓄をおこなっていく予定であるかを明らかにしておく必要がある。そしてローンを受けた後は毎週2ドルの貯金をおこない，半年でローンを完済すれば，約50ドルの貯金が残ることになる。実際には，平均するとグラミン・アメリカの借り手は毎週2ドル以上の貯金をおこなっている。

貯金をおこないながらスケジュールに遅れることなくローンを返済することで，メンバーは信用情報のヒストリーを作り，クレジット・ビルディングをおこなうことができる。これは，メンバーがこれから後に金融サービスを受けるために有効な信用の構築である。信用情報サービスを扱う会社であるエクスペリアンと提携することで，クレジット・ビルディングを実現している。通常，貧困層はクレジット・ビルディングの対象とならない。しかし，グラミン・アメリカのメンバーは，この機会を得ることができるのである。また，悪いクレジット・ヒストリーを過去に持っている場合には，確実なローンの返済を繰り返すことで，クレジット・ヒストリーの改善の機会を与えている。

▷ニューヨークにある支局の実際

次に，実際のニューヨークの支店の様子を紹介する。グラミン・アメリカの経営を現地で取り仕切るのはシャー・ナワズ氏である。グラミン・アメリカがニューヨークの地に受け入れられ，さらには支店を増やすことに成功しているのは，シャー氏の卓越した手腕によるところが大きい。約30年にわたりグラミン銀行のプロジェクトを実施しており，グラミン銀行の事業に精通している人物である。グラミン・トラストはグラミン銀行のマイクロクレジットの運用方法を教えるGBRP（The Grameen Bank Replication Program）というプログラムを1989年からおこなっている。この一環として，

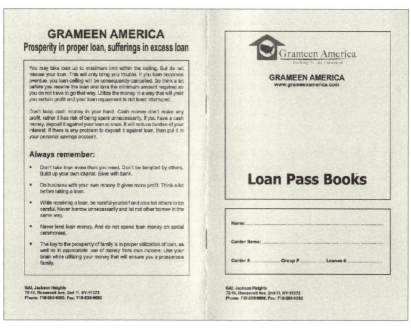

写真4－3　グラミン・アメリカの通帳。ローンの返済履歴はこの通帳に手書きで書き込まれる。言語こそ異なるがバングラデシュのグラミン銀行で使われる通帳とまったく同一である。裏表紙である左側には，5項目の注意書きがある。

・必要以上のローンを借りないでください。自己資本を拡充し，銀行に貯金して下さい。
・ローンを借りる前に，自分の手持ちの資金で事業ができるかを考えてください。その方がより高い利益を得ることができます。
・ローンを借りている間，身辺には常に注意を払い，ローンについて他人には話さないでください。
・ローンで借りているお金を他人に貸さないでください。また社会のセレモニー（儀式）にはローンのお金を使わないでください。
・家庭が豊かになる鍵は，適切なローンの利用と，自分自身の収入に適合したお金の支出です。家族が豊かになる適切なお金の使い方をしっかりと考えてください。

第4章 グラミン・モデルの世界への展開

シャー氏はドミニカ共和国などでマイクロファイナンスの運用経験を持つ。グラミン・トラストは，グラミン銀行のマイクロクレジットのモデルを世界の貧困削減に応用すべく，トレーニングや技術支援をおこなう組織である。これまでに世界41カ国，151のパートナーが存在している。バングラデシュ以外の国でマイクロファイナンス機関のオフィスを訪問すると，「我々はバングラデシュでグラミン銀行，グラミン・トラストでマイクロファイナンスの研修を受けてきた」と誇らしそうに説明してくれることがある。先に紹介したグラミン・アメリカの支店マネージャーは，グラミン銀行だけではなく海外でのグラミン銀行モデルによるマイクロファイナンス運用の経験も持ち合わせている。シャー氏がGBRPを担当したドミニカ共和国は中米のカリブ海にあるイスパニョーラ島東部の国で，言語はスペイン語である。グラミン・アメリカがヒスパニックをターゲットにして事業を展開できているのは，シャー氏のバングラデシュやドミニカでのマイクロクレジット運用の経験，さらには他国からバングラデシュのグラミン・モデルを学びに来たマイクロファイナンス機関へのトレーニング経験があるからこそである。

グラミン・アメリカの取り組みを紹介したニュースの記事やムハマド・ユヌス氏のアメリカでの活動についての紹介文を目にしたことがある人であれば，オバマ大統領やクリントン国務長官がユヌス氏の活動を支援している写真を覚えていることだろう。ワシントンDCに行けば，グラミン財団が立派なオフィスを構えている。また，2010年のドキュメンタリー映画「To Catch a Dollar：Muhammad Yunus Banks on America」が制作されていることを知れば，グラミン・アメリカのニューヨークでの支店開設は，政治的な支援を受けているように見えるかもしれない。そのため成功が約束された進出であるように想像するだろう。しかし，現実はむしろ反対である。映画のなかでも描かれているのだが，ニューヨークでは誰もバングラデシュのグラミン銀行という存在など知らず，ましてや無担保で低金利のローンを貧困層に貸し出すことは，とても信用される事業内容ではなかっ

写真4-4　グラミン・アメリカが配布している2種類のチラシの表紙。スペイン語版と英語版が用意されている。チラシにはグラミン・アメリカのメンバーとなるための基本的な情報が書かれており，問い合わせ先となる各支局のセンターマネージャーの連絡先も掲載されている。

た。

　グラミン・アメリカが実際にニューヨークで活動を開始するに当たり，どこに支店を開設すべきかを調査するためにシャー・ナワズ氏は何度も現地に足を運んだ。現場を訪れることでグラミン・アメリカの借り手となる女性たちの存在の確認や，周辺の商店街の様子などを把握し，また現地のバングラデシュ人のコミュニティからの情報も得ながら，どこに実際の支店を構えるかを決定した。支店を開設した後，メンバーとなる借り手の獲得も地道な努力の積み重ねであり，事業を開始したばかりの頃はかなり苦戦を強いられたとのことである。すべての資料は英語とスペイン語で作成し，近隣の路上にチラシを置いてみたが，事業内容を信用してもらえず興

味を示す人は少なかった。時間をかけて借り手を探しているうちに，ニューヨークにはローンを求めている貧困層が多く存在していることを再認識し，既存のマイクロファイナンス機関が貧困層のなかでも比較的所得が高い層にしかローンを貸していないことを把握した。

　グラミン・アメリカは，貧困層のなかでもこれまでローンの対象とされてこなかった特に低所得層を積極的にメンバーとして取り込み，ローンを貸し出している。グラミン・アメリカのマーケット開拓は潜在的な貧困層のニーズに新たに対応したものである。アメリカには様々な種類の金融サービスを提供する事業者が数多く存在しており，また他のマイクロファイナンス機関も存在している。しかしグラミン・アメリカの事業のターゲット層は既存の事業者とは競合しない。また，借り手が多重ローンを抱えるような状況も生み出していない。なぜなら，グラミン・アメリカの借り手はこれまでどこの組織からもお金を借りたことがなく，グラミン・アメリカで初めてローンを受けることが実現し，銀行口座を持つことができた女性たちだからである。

　女性たちがグラミン・アメリカのメンバーに加わるために支店を訪ねると，まずシャー氏によるインタビューを受けることになる。ヒスパニックの人たちが訪問してくるので，インタビューの言語はスペイン語であることが多い。シャー氏のインタビューの後に，センターマネージャーよりグラミン・アメリカでの融資の受け方などについての詳細な内容の説明を受ける。ここでもネイティブレベルでのスペイン語が使われ，地元の情報に精通したセンターマネージャーが力を発揮する場面である。

　支店を訪ねてきた女性たちがどのような生活をしているのかを正確に把握するために，シャー氏は一軒一軒の家を訪問し，収入やビジネスの状況，家族の構成などを直接確認する。この過程でローンをビジネスの拡大もしくは開始に使用する意思があるかどうかを見極めるのである。グラミン・アメリカは単にローンを貸し出すだけではなく，借り手となる女性のビジネスと生活にまで目を配らせて，ビジネスが軌道に乗るように支援し，ロ

ーン返済のサポートをおこなうのである。

　アメリカは個人主義の進んだ国であると認識されている。そのため，5人でグループを作り相互扶助を促すグラミン銀行のモデルが，アメリカ社会に適応できるのかどうか心配の声があった。しかし移民の人々は出身の国や地域のコミュニティごとに集まる傾向にあり，また同種のビジネスをおこなう人たちはそれぞれ社会的ネットワークのつながりがあるため，5人のメンバー集めは難しくないとのことである。実際にローンを借りて小規模なビジネスを成功させるためには，5人グループを形成できない程度の人とのつながりしか持っていないようでは，ビジネスを軌道に乗せることは困難であろう。

　近年になってアメリカに移住してきた貧困層の移民に対してローンを貸し出すと，返済しないで逃げたり引っ越したりするではないかと懸念したくなる。しかし，シャー氏によると，グラミン・アメリだけがローンを提供しており，他地域にはない優れたビジネスの環境の提供をおこなっているため，移民は逃げてしまうことない，とのことである。いかにしてローン返済につながる良いビジネス環境をグラミン・アメリカが作れるのかがポイントとなる。

▷支店マネージャーとセンターマネージャーの役割

　グラミン・アメリカの支店は，運営方針を決める支店マネージャーと，センターマネージャーとでスタッフが構成されている。支店マネージャーは支店運営の方針決定をおこなう役割で，グラミン・アメリカが成功するかどうかは，支店マネージャーの腕前に依存する。事業運営を担当するCEOのシャー・ナワズ氏をはじめ，バングラデシュのグラミン銀行でマイクロファイナンスの事業を長年担当した経験を持つベテランたちが，グラミン・アメリカの支店マネージャーとして活躍している。

　借り手であるメンバーとの直接の窓口となり管理するのはセンターマネージャーである。ローンの貸し出しおよび返済のプロセスにおいて極めて

重要な役割をはたす。グラミン・アメリカがニューヨークに支店を開設する際に最も注意を払ったポイントは，センターマネージャーの現地での雇用であった。センターマネージャーは，地元のコミュニティとの結びつきが強く，地域情報に詳しい人物を選んでいる。ヒスパニックが借り手のほとんどであるため，センターマネージャーもヒスパニックのコミュニティからスペイン語が堪能な人物が選ばれる。もしグラミン・アメリカがアジア系などの借り手へのローンを始めたければそれぞれの言語に対応できるセンターマネージャーが必要となる。そのため，現状ではグラミン・アメリカは英語，スペイン語で対応できない女性を借り手の対象とはしていない。

センターマネージャーになるためには，マイクロファイナンス専門家養成のトレーニングを21日間受ける必要があり，完全に役割を習得するには最長で1年程度の期間が必要である。この養成トレーニングのコース内容は，基本的にはバングラデシュの内容と同一である。グラミン・アメリカは大規模な広告を出してローンの借り手を集めることをしないかわりに，センターマネージャーが日々の業務活動のなかで，新たな借り手となる女性を見つけ出している。

センターマネージャーは，メンバーがおこなう毎週のミーティングに参加し，メンバーが当初の事業計画通りにローンを使っているのか，また収入を上げているかをチェックしている。一人のセンターマネージャーは最大で80グループを管理する。1グループに5名が所属するため借り手の人数は400人である。経験の浅いセンターマネージャーは50グループ程度の管理をおこなう。センターマネージャーは一日に18グループ程度のミーティングに参加する。つまり毎日90人のローンの状態を確認することになる。ミーティングは借り手の家やビジネスの現場となる店先でおこなわれるため，センターマネージャーがそこまで足を運ぶ必要がある。そのためセンターマネージャーの毎日は多忙である。実際に支店で勤務するセンターマネージャーのスケジュール帳を見ると一日のミーティングへの参加スケジ

写真4-5 サンフランシスコにあるベイエリア支店。駅近くの商店が並ぶ建物の2階にオフィスがある。(2016年4月)

写真4-6 ベイエリア支店のメンバーが営む路上の店舗。(2013年3月)

ュールがびっしりと並んでいる。

▷**すべての州に支店を開設するために**

　グラミン銀行のマイクロクレジットが，ニューヨークをはじめとするアメリカの巨大都市でも機能し，効果を発揮している。アメリカにはすでに他のMFI（マイクロファイナンス機関）が存在しているが，近年になってアメリカに移り住んだ移民のような最も貧しい人たちをターゲットにすることは少ない。そこでグラミン・アメリカが事業をおこなう余地が残されており，多くの借り手がグラミン・アメリカを必要としているのである。グラミン・アメリカが活動を開始した時期は，リーマンショックによる経済

危機と重なってしまった。しかし,「不景気で貧困が拡大する時にこそグラミン・アメリカが必要とされる」とシャー・ナワズ氏は述べる。

　グラミン・アメリカの将来の計画として,アメリカの50州のすべてにマイクロファイナンスのサービスを行き届かせたいとしている。2008年にニューヨークから始まったグラミン・アメリカは,2012年にはカリフォルニア州に支店を開設し,2016年には12都市にまで拡大している。すべての州にグラミン・アメリカの支店を作ることは夢ではないだろう。

2
ウガンダのグラミン財団 AppLab プロジェクト
携帯電話で農業情報の流通促進

▷アフリカを舞台としたプロジェクト

　グラミン・グループの活動は世界の様々な国で展開されている。本書の最後に紹介する事例は，グラミン財団が2009年から2015年にかけてアフリカ大陸東部のウガンダ共和国で実施したグラミン財団 AppLab プロジェクトである。このプロジェクトそのものは財団や企業，また国連機関からの資金で運営されており，ソーシャル・ビジネスではない。しかし，グラミン・グループが実施するプロジェクトらしく，マイクロファイナンスと携帯電話をツールとして使用し，農村部に居住する人々に農業などの情報流通の促進と，金融サービスへのアクセスの改善を通して人々の所得向上や経済的自立を目指す内容となっている。グラミン財団では，ウガンダでの成果を踏まえて他のアフリカ諸国でも各種のプロジェクトを実施している。

▷グラミン財団とテクノロジー・センター

　グラミン財団はアメリカの首都ワシントン DC と，西海岸のシアトルにオフィスがある。グラミン財団は，グラミン銀行をはじめとするグラミン・グループが持つ「グラミン哲学」を世界に広めるために1997年に設立された。貧困ライン以下で暮らす貧しい人々が，マイクロファイナンスおよび新たなテクノロジーが実現するサービスへのアクセスを促し，人々に新たなビジネスの機会を提供することで貧困から抜け出せるように支援する活動をおこなっている。この二つのサービスは，第2章で示したグラミン銀行と，テクノロジーの代表としての ICT（情報通信技術），特に携帯電話のヴィレッジ・フォン・プログラムの実績を素地としたものである。

　アメリカに本部を置くグラミン財団の活動は世界に広がっている。アジ

ア，ラテン・アメリカ，中東・北アフリカ，そしてサブサハラ地域での活動をおこなっている。本節で紹介するウガンダのグラミン財団の活動はサブサハラ地域に含まれている。ウガンダでのプロジェクトを実施したのはアメリカ西海岸のシアトルのグラミン財団テクノロジー・センターであった。2001年にグラミン財団の組織内センターとして創設された。ICTを活用した貧困削減のプロジェクトに取り組むセンターである。グラミン財団AppLabの正式な名称は「グラミン財団Application Laboratory」である。グラミン財団AppLabは，世界の貧困層の人々に対して携帯電話ベースのモバイル・アプリケーションの開発や，モバイル・サービスの開発および実施をおこない，人々の課題に新たな解決策をもたらす研究をおこなった。

グラミン財団が携帯電話を活用して取り組む主要な4分野は農業，モバイル・マネー，ヘルスケア，そしてマイクロ・フランチャイズ，つまり小規模な起業支援である。このうち主に農業に関する分野の取り組みが，本節で紹介するウガンダの事例である。

▷ウガンダ共和国の概要と携帯電話

まずはグラミン財団がプロジェクトを実施するウガンダという国について概要を説明する。ウガンダはアフリカ大陸の東部に位置する共和国である。内陸部にあり，国土の南部はビクトリア湖に面している。国土の面積は24.2万平方キロメートルで，日本の本州とほぼ同じである。2015年の人口は3989万人。首都はカンパラである。宗教はキリスト教が6割，伝統宗教が3割，イスラム教が1割である。英語とスワヒリ語が公用語であるが，ルガンダ語など民族ごとの言語が数十存在する。就労人口の約7割が農業に従事し，農林水産業がGDPの約22％を占める農業国である。通貨はウガンダ・シリングが使われている。

ウガンダは赤道直下にありながら，国土の平均標高が1200mあるため年間平均気温は23℃と過ごしやすい温度である。イギリスのチャーチル首相が「アフリカの真珠」と表現した，緑豊かで美しい国である。アフリカ大

図表4－2　ウガンダ共和国は東アフリカに位置する。
ケニア，タンザニアなどに囲まれた内陸国である。

陸の東部にはケニアのサファリ観光という有名な観光資源がある。また英語が通じるためケニア，タンザニアといった国々には日本からの観光客も訪れており，その隣国であるウガンダではマウンテンゴリラを見るトレッキングツアーが有名である。治安が悪いことで有名なナイロビの町の雰囲気を経験した後でウガンダへ移動すると，カンパラの穏やかな雰囲気を感じることができ，町中の治安もケニアのナイロビに比べるとずいぶんと良い。国際保健や国際医療の分野では，1980年代から1990年代初めにかけてのHIV／AIDSの問題について，ウガンダの名前を記憶している人もいるだろう。その後，国家をあげての取り組みをおこない，感染率を大幅に低下させることに成功した。

　ウガンダでは都市部の開発が進んでいるが，その一方で農村部では昔ながらの生活が営まれている。バングラデシュなど他の国々と同様，ウガンダでも携帯電話の普及は急速に進んでいる。電力の供給がなされていないような農村部で営まれている昔ながらの生活のなかにICT（情報通信技術）

の代表である携帯電話が浸透している様子を見ることができる。2014年の携帯電話の所有率は65％である。固定電話が約1％と低い数字であることに比べると，携帯電話の急速な普及ぶりがうかがえる。主な携帯電話の事業者は，MTN ウガンダ，Airtel，Africell ウガンダ，Vodafone Uganda，Uganda Telecom の5社が並び，買収や企業の合併が激しくおこなわれている。携帯電話の事業者は町中で競うように看板を掲げている。MTN ウガンダは南アフリカ，Airtel はインド，Africell ウガンダはレバノン，Vodafone Uganda はイギリスに本社を置く企業である。また Africell ウガンダは，2014年にオレンジ・ウガンダを買収して誕生した。

　グラミン財団 AppLab プロジェクトで使用している携帯電話の端末は中国のファーウェイ（華為技術）が製造する IDEOS というスマートフォンであった。ウガンダでの携帯電話の端末は，周辺の国々と同じように中国製，韓国製が中心である。製造メーカー不明の低価格の中国製の端末も多く，また反対に高級なスマートフォンの普及も進んでいる。ファーウェイや ZTE のような中国企業のアフリカへの進出のパワーはすさまじく，ウガンダはもちろん治安の悪いアフリカの国々のショッピング・モールでも携帯電話関連のビジネスに訪れている若い中国人女性の姿を目にすることも珍しくない。また，携帯電話の端末だけではなく，携帯電話の基地局設置の受注のようなインフラ整備の分野でも中国企業は高いシェアを占める。ウガンダは農業国であり，携帯電話の普及がめざましいことから本節で解説するグラミン財団の事例に類似するプロジェクトやビジネスが他にも多く実施されている。

▷ウガンダでの農業分野プロジェクト

　グラミン財団 AppLab のプロジェクトは，2006年にウガンダの首都カンパラで活動を開始した。翌年の2007年からは Google と MTN ウガンダがこのグラミン財団のプロジェクトに投資しパートナーとなった。Google は日本でも有名な検索エンジンのサービスを手がけるアメリカのソフトウェ

ア開発企業である。2002年からグラミン財団とMTNウガンダは,「ヴィレッジ・フォン・プログラム」を開始した。第2章で紹介したITU（国際電気通信連合）とグラミン財団による「ヴィレッジ・フォン・ダイレクト・マニュアル」は, ウガンダやルワンダ, カメルーンでのプログラム実施についても描かれている。

これまでウガンダでは, 農村に暮らす人々が情報にアクセスする手段はほとんど存在しなかった。どのように農作物を栽培すればよいのか, 病害虫の予防や農薬の使用方法, また作物価格のマーケット情報を一般の農民が知る術はなかった。そこで, グラミン財団は国際的なパートナーと, ウガンダの地元のパートナーとの密接な協力体制を築きつつ, ウガンダの農村部にも浸透している携帯電話を使って人々に農業などの情報を正確かつタイムリーに届けることで, 彼らのビジネスや生活の向上を図るプロジェクトを開始した。情報を仲介するのは「コミュニティ・ナレッジ・ワーカー（CKW）」と呼ばれる女性の仕事である。コミュニティ・ナレッジ・ワーカーは村人に信頼された情報の仲介者の役割をはたし, 携帯電話やスマートフォンを用いて地元の情報を収集し, また人々に情報サービスを行き届かせる。役割は異なるのだがグラミン財団版のヴィレッジ・フォン・レディといえる。コミュニティ・ナレッジ・ワーカーの活動の詳細は後で述べる。

Googleとグラミン財団は2年間, 共同で貧困層の人々のための情報サービスの開発に取り組んだ。その成果として2009年に誕生したのが「Google SMS」などの一連のサービスである。Google SMSは, MTNウガンダのSMS（ショート・メッセージ・サービス）で動作する情報サービスとして開始された。携帯電話のSMSでキーワードを送信すれば, 様々な分野の情報にアクセスが可能となった。検索への返信もSMSで届けられる仕組みであり, インターネットの検索エンジンをSMSで操作する感覚である。次のような分野のサービスが提供される。「天気予報」,「クリニック・ファインダー」,「ヘルス・チップス」,「ファーマーズ・フレンド」, そして

第4章 グラミン・モデルの世界への展開

写真4-7 グラミン財団が入居するMTNウガンダのビル。周辺には大型のショッピング・モールも立地する。(2011年12月)

「Googleトレーダー」である。天気予報のような基本情報だけではなく、「クリニック・ファインダー」では近くの医療施設の検索も可能で、健康に関する情報や、HIV / AIDSなどに関する情報の入手も可能である。「Googleトレーダー」では農産物の価格の情報を知ることができ、また農作物や中古の物品、さらには仕事の情報など様々な物品やサービスの交換を仲介するサービスである。「Googleトレーダー」はホームページからも閲覧することが可能である。「ファーマーズ・フレンド」では、農業に必要な情報を得ることができる。このサービスが成功するためにはローカルな現地情報を提供できるかが重要であった。そこで天気予報はウガンダの気象庁から提供してもらい、「ファーマーズ・フレンド」の農業情報は、首都カンパラにあるBROSDI（Busoga Rural Open Source Development Initiative）という農業技術の普及に取り組む財団より提供を受けることで、ウガンダに適応した農業情報を農民が入手することができるようになった。GoogleはウガンダでのGoogle SMSのサービスを開始したのちに、同様のサービスを他国にも展開している。

▷コミュニティ・ナレッジワーカー・プログラム

コミュニティ・ナレッジ・ワーカーのプログラムは、主に農業分野を対象として実施された。それによりウガンダの農業の発展と生産量の増加、

そして農民の所得向上を目指すとしている。ビル&メリンダ・ゲイツ財団，MTN ウガンダ，WFP（国連世界食糧計画）をパートナーとした。またサポーターとして Google, Atlassian, Salesforce.com の名前が並ぶ。Google は，コミュニティ・ナレッジ・ワーカー・プログラムの立ち上げ時期に，スマートフォンの端末「アンドロイドＧ１」やソーラーパネルによる携帯電話充電器を寄贈した。

　コミュニティ・ナレッジ・ワーカー・プログラムを実施するチームは，農業の研究をおこなう組織からの支援を得て農業情報データベースを構築し，このデータベースには，35種類の農作物，7種類の家畜，そして，天候，マーケット価格，輸送業者，モバイル・マネーの情報が含まれる。地域密着の情報を収集するためローカルパートナーとなる組織の協力を得ており，農民のニーズに即した情報提供を可能としている。またこのチームでは，コミュニティ・ナレッジ・ワーカーが正しく各種の情報を収集し処理できるように，携帯電話やスマートフォンで操作できるアプリケーションの開発もおこなった。

　コミュニティ・ナレッジ・ワーカーが人々に提供する情報サービスは，このデータベースに基づいた内容となり，大きく5分野である。最初に天気予報である。季節ごとの予報と3日間の予報を提供している。二つ目はマーケット情報である。20のマーケットで46品程度の商品価格の調査をおこなった。農民はこの価格情報を確認することで仲介業者への農作物販売価格を決めることができ，これまでより同じ作物の販売でも利益率を向上させることができるようになった。三つ目は農業のベスト・プラクティス情報で，農作物の育成の方法や，病害虫の見分け方，また家畜の飼育方法についての情報を提供している。四つ目は農薬や堆肥といった農業の投入物を供給する事業者の一覧情報である。

　最後に，Googleトレーダーである。このサービスは先に説明した通りであり，生活やビジネスに関連するあらゆるものの売買を仲介し，またそのものの値段の価格を知ることができる。これらの情報のソースは，ウガン

ダ政府や事業者協会などの地元組織との協力体制のもとに提供されている。かつてウガンダの農村は情報の流通とは無縁の世界であった。しかし，携帯電話で情報が流通するようになり，人々の生活は大きく変化したと言える。

　携帯電話の普及により技術的な意味での情報交換ができるようになっただけでは，上記のように整備した有用な情報が僻地に住む人々にまで届かない。そこで，情報流通を促すのがコミュニティ・ナレッジ・ワーカーの女性たちの役割である。コミュニティ・ナレッジ・ワーカーになるには地元の農協組合などの組織から推薦される必要がある。つまり地域コミュニティから信頼を得ている女性である。コミュニティ・ナレッジ・ワーカーはフルタイムの仕事ではなく，一日に数時間のパートタイムの仕事である。また彼女たちは農業の情報を仲介する役割を担うのであって，農業の専門家ではない。

　コミュニティ・ナレッジ・ワーカーになるには，まずは8日間のトレーニングを受けて仕事の内容を把握する。トレーニングの内容は，コミュニティ・ナレッジ・ワーカーの心構えや立ち振る舞いの作法から始まり，携帯電話の使用方法，モバイル情報サービスの使用方法，また地元の情報収集をおこなうためにデータ収集と処理をおこなう調査方法論までも学ぶ必要がある。学ぶ内容が多いため30ページにわたる「トレーニング・マニュアル」が用意された。マニュアルのなかには「世の中には無料のものなどない。もし，あなたがお金を払っていないのならば，他の誰かがあなたのためにお金を払うことになる」といったグラミン哲学の文章も織り込まれている。

　コミュニティ・ナレッジ・ワーカーの仕事を始めるためには，スマートフォンやソーラーパネルによる充電装置などを含む一式のキットを入手する必要がある。キット本来の価格は74万5000シリング（約2万3000円）である。コミュニティ・ナレッジ・ワーカーの女性たちは，毎月2万シリングを2年かけて支払う。2年間では合計48万シリングにしかならないが，残

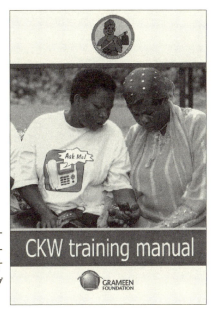

写真4-8　コミュニティ・ナレッジ・ワーカーのトレーニング・マニュアル。全ページカラーでイラストが多用され理解しやすい。内容は状況に応じてバージョンアップされている。

りの金額はプロジェクトから支出される。毎月の支払い金額である2万シリングを超えて稼いだお金が，コミュニティ・ナレッジ・ワーカーの収入となる。

　コミュニティ・ナレッジ・ワーカーは，毎月の目標が与えられており，その目標を達成することによりグラミン財団から収入を得る。目標は三つ設定されている。まず，1週間に12もしくは1カ月の間に48の情報サービスの提供をおこなうこと。そして，1週間に五つもしくは1カ月の間に20の調査を実施すること。最後に，1週間に1名もしくは1カ月の間に4名の農民をコミュニティ・ナレッジ・ワーカーが提供する情報サービスの利用者として登録することである。この他，ソーラーパネルの充電装置を使い，村人の携帯電話などを充電するサービスもおこなっており，この場合は，村人から収入を得ることになる。

　コミュニティ・ナレッジ・ワーカーに求められる重要な二つのスキルは「聞くこと」，「要約すること」である。聞くことは，ターゲットとなる地域

写真4－9　コミュニティ・ナレッジ・ワーカーの女性。手にはスマートフォンと，農民に配布しているIDカードを持っている。（2011年12月）

の住民の話に耳を傾けることである。コミュニティ・ナレッジ・ワーカーは地域コミュニティの状況や住民について情報を収集しておく必要がある。そのため，住民との対話を欠かさず，話を引き出すことが求められる。そして，その話のなかにどのような問題が含まれているのかを聞き分けて要約するのである。識字率の問題もあり，情報を文字として伝えられない場合も多々ある。その場合，対面での会話による仲介は有効である。

　コミュニティ・ナレッジ・ワーカーの女性たちが使用する携帯電話は中国のファーウェイ（華為技術）が製造したIDEOSというスマートフォンである。スマートフォンの入門モデルであり，小型でカメラやGPS（全地球測位システム）などの機能は一通り装備している。コミュニティ・ナレッジ・ワーカーのプロジェクト開始時には，Googleから提供されたスマートフォン「アンドロイドＧ１」，および小型でシンプルは携帯電話端末，そしてGPSロガーが別々に使われていた。その後，低価格なスマートフォンが登場したこともあり，IDEOSが標準端末として使用されることになった。従来型の通話中心の携帯電話に比べると，スマートフォンは小型のパソコンに近い能力を有する。しかし，これまでの携帯電話に比べるとバッテリーの持ちが悪いため，コミュニティ・ナレッジ・ワーカーの心得の一つとして「常にバッテリーは充電済みであること」が掲げられている。

　このようにスマートフォンが利用できることで，コミュニティ・ナレッ

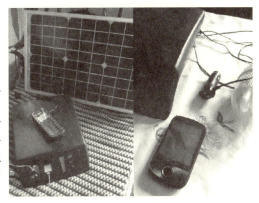

写真4-10 コミュニティ・ナレッジ・ワーカーのキットの一部。写真右のスマートフォンを使用する。左はソーラーパネルとバッテリーで，携帯電話の充電サービスなどの電力を供給できる。（2011年12月）

ジ・ワーカーの女性たちはパソコンを持ち歩くことなく，村々に情報サービスを提供して回ることができる。彼女たちが巡回する村々は，舗装されていない道路を徒歩で歩いた先にある。日本人の感覚で表現すると「ジャングルのなか」にある村の場合も通常である。村人が暮らす家々も離れて立地しているため，かなり移動することになる。雨の後には道路はぬかるみ，移動するだけでも大変なので，スマートフォンのみで業務を完結できるのは彼女たちにとっては助けとなる。また，彼女たちが収入を得るために必要な業務である調査の実施も，スマートフォンのみでおこなうことができる。情報サービスの利用や与えられた調査の回答入力も，基本的にはタッチパネルを押すだけで操作することができるようにアプリケーションが制作された。

　コミュニティ・ナレッジ・ワーカーは，定期的にミーティングをおこないコミュニティ・ナレッジ・ワーカー同士で情報交換をし相互に支援をおこなう体制を作る。またこの他にも，グラミン財団による支援体制として，業務内容を指導する「プラス・サポート」，電話による直接サポート「カスタマー・ケア」，活動の現場となる村々への訪問などを支援する「フィールド・ファシリテーター」，またスマートフォンの操作方法など業務の日常的なサポートをおこなう「トレーニング・チーム・サポート」と合計五つのサポート体制により活動が支援されている。

▷モバイル・マネー，ヘルスケア，マイクロ・フランチャイズ分野の取り組み

ウガンダでの農業分野の活動について述べた。先に説明したようにグラミン財団の活動は農業を含めて4分野にわたる。ここでは，農業以外のモバイル・マネー，ヘルスケア，そしてマイクロ・フランチャイズ，つまり小規模な起業支援について紹介する。

まず，モバイル・マネーは，ウガンダでも携帯電話事業者のMTNウガンダのサービスとして提供されている。モバイル・マネーはウガンダの隣国ケニアのM-PESAが世界的にも有名である。ケニアの国内どこに行っても，たとえスラムのなかでもM-PESAを扱う店があり，携帯電話による送金サービスを受けることができる。MTNウガンダのモバイル・マネーも基本的にはケニアの例に沿う内容である。ウガンダでもこのサービスが導入されたことにより，携帯電話があれば農村部に居住していてもお金の送金ができ，またモバイル銀行口座を持つことができる。そもそも農村部では銀行そのものが存在しておらず，仮に銀行が支店を出しても利益をあげることはできない状況である。そのため，かつてのウガンダでは2割程度の人しか銀行のサービスを利用できなかった。銀行口座を持てるようになると，貯金をすることで資産を蓄えることができるため，怪我や病気，また農業の不作などへの備えをすることができる。さらには，生活に必要な経費を把握し，将来の家計運用の計画を立てることが可能となり貧困から抜け出す助けとなる。

グラミン財団では2012年からウガンダの農村部における金融機関のデジタル化のサポートをおこなった。政府系金融機関と携帯電話会社であるMTNウガンダとAirtelおよび民間企業の協力のもと農村部においてもモバイル・マネーを銀行の支店やATMで現金としても引き出せる仕組みの構築をサポートし，2016年10月には農村部の約17万人がサービスを利用している。またAirtelと共同で，「Airtel Weza」という名称の携帯電話を利用した農村向け貯蓄サービスを開始し，2016年のデジタル・インパクト・アワードを受賞している。

写真4-11　MTN ウガンダのモバイル・マネーを扱うマイクロ店舗。モバイル・マネーを扱う店舗は町のいたる場所に存在する。このようなローカル市場のなかにも店があり，人々の身近な決済手段となっている。（2014年6月）

　この他，ヘルスケア分野での取り組みは2010年7月より西アフリカのガーナでおこなわれている。携帯電話のSMS（ショートメッセージ）や音声を用いた，妊婦を対象とした保健医療の情報を配信するMOTEC（Mobile Technology for Community Health）という名称のプロジェクトである。また，小規模な起業つまりマイクロ・エンタープライズの支援は，2009年からインドネシアで取り組んでいる。これは2007年からウガンダで取り組まれてきたヴィレッジ・フォン・プログラムの経験に基づいた内容である。

　ウガンダでのグラミン財団AppLabによるコミュニティ・ナレッジ・ワーカーの活動は2015年にプロジェクト期間を終えたが，今後また新しくプロジェクトの開始が予定されている。

3 ソーシャル・ビジネスの広がり

　本章ではここまで，グラミン・アメリカがニューヨークなどで実施するマイクロクレジットの事業，そしてアフリカのウガンダなど数カ国で実施しているグラミン財団の実験プロジェクトについて説明した。バングラデシュなどの開発途上国で創出されたイノベーションが，アフリカの国々や先進国のアメリカにも導入されている。かつてこのようなイノベーションは先進国で生まれたものが開発途上国に応用されるか，国際機関が援助プロジェクトとして導入することが常識であった。しかしグラミン銀行のような普遍性の高いビジネスモデルは，これまでの常識に縛られることなく世界に伝播している。現在では「リバース・イノベーション」として，開発途上国で最初に採用されたイノベーションが先進国に持ち込まれることが珍しくなくなりつつある。

　次に日本でのソーシャル・ビジネスの広がりを示す事例として，グラミン・グループと関連のあるソーシャル・ビジネスに取り組む企業を紹介する。株式会社ヒューマンハーバーは日本で初めてユヌス・ソーシャル・ビジネス7原則を会社定款に記載し実践している企業である。九州大学ユヌス＆椎木ソーシャル・ビジネス研究センターの支援を受け，2012年12月に設立された。本社の所在地は福岡市である。ヒューマンハーバーは服役経験者に対する支援をおこない「再犯のない社会」を目指す企業である。就労の場の提供，学び直しの場の提供，そして居住の場の提供の三つの支援を提供している。ヒューマンハーバーが収益を生み出すための中核とするのが産業廃棄物リサイクル事業である。この事業は支援対象者が就労経験を積む就労支援でもある。また「就労支援10％運動」を展開している。これまで企業が再犯問題解決に取りうる手段は「出所者を雇用」，「再犯防止

のための各種活動への資金提供」の二つであった。これに加えて考え出されたのが，企業活動から出る有価物のスクラップ販売や廃棄物処理のうち10％をヒューマンハーバーに委託すればそれが再犯問題解決に間接的に寄与できる，という三つ目の手段である。ヒューマンハーバーのソーシャル・ビジネスは多くの人々の共感を生んでおり，同じ志を持つ人々が株式会社ヒューマンハーバー大阪，および株式会社ヒューマンハーバー東京を立ち上げ，それぞれの会社が「再犯のない社会」の実現を目指し事業に取り組んでいる。株式会社ヒューマンハーバーに続き，5社が起業もしくは定款変更によりユヌス・ソーシャル・ビジネス企業として活動している。

また日本ではこの他にも，グラミン・グループやムハマド・ユヌス氏の協力により，グラミンの名前のついたブランドを展開する企業もある。衣料品や生活雑貨などの通信販売を手がけるフェリシモという企業では，「グラミン・フェリシモ」というブランドで製品を販売している。フェリシモは1993年より「フェリシモ　地球村の基金」を運用している。その基金の新しいブランドがグラミン・フェリシモであり，2012年1月からはカバンなどの製品の販売を日本で開始した。

さらに，日本でのソーシャル・ビジネスを支援するため，ワタミ株式会社の出資により「一般社団法人ソーシャル・ビジネス・ドリーム・パートナーズ」が2013年に設立された。この組織ではソーシャル・ビジネスの資金調達の支援，経営支援，セミナーや講演会の開催，また「公益財団法人みんなの夢をかなえる会」主催のビジネス・コンテスト「みんなの夢AWARD」の共催としてソーシャル・ビジネス部門を設立することでもソーシャル・ビジネスへの出資や支援をおこなっている。

ムハマド・ユヌス氏がおこなうソーシャル・ビジネスの普及啓発の活動は世界の人々の興味を引きつけており，ソーシャル・ビジネスを実践，研究するための社会的なネットワークは拡大している。第2章でも紹介した「ユヌス・センター」は，ユヌス・ソーシャル・ビジネスの普及啓発キャンペーンの実施や，世界のソーシャル・ビジネスの活動を支援しており，実

第4章 グラミン・モデルの世界への展開

写真4－12 パリで開催されたソーシャル・ビジネス・アカデミア・カンファレンス2016でレクチャーをおこなうムハマド・ユヌス氏。(2016年11月)

践者だけではなく研究者の国際コミュニケーションの中心組織として機能している。またドイツの「グラミン・クリエイティブ・ラボ」も、ソーシャル・ビジネスの世界的な促進の役割を担う組織である。その他の具体的な組織の事例として、スコットランドの大学がグラミン銀行と協力し「グラミン・スコットランド」というマイクロクレジットの組織を創設した事例もある。さらに、イタリアのミラノ市、ドイツのヴィースバーデン市、そして福岡市などはソーシャル・ビジネス・シティ共同宣言を締結している。各国の大学ではソーシャル・ビジネスを研究するための組織を設立したり、ソーシャル・ビジネスを実践する人材育成をするための教育プログラムを実施している。

　ユヌス・ソーシャル・ビジネスの世界的なイベントとしては、「グローバル・ソーシャル・ビジネス・サミット」が開催されている。直近では2014年はメキシコシティ、2015年はドイツのベルリンで開催された。また「ソーシャル・ビジネス・デイ」は毎年、バングラデシュで開催されている。この他、アカデミアを対象とした「ソーシャル・ビジネス・アカデミア・カンファレンス」が2015年ベルリン、2016年フランスのパリで開催された。

　ソーシャル・ビジネスが今後さらに世界に広がり、より多く実践されることで、人々の創造性を刺激し、世界の社会的課題を解決する様々なイノベーションが創り出されていくことだろう。ムハマド・ユヌス氏が言うよ

うに，貧困は貧しい人々が作るものではなく，人々が生み出した概念や社会経済の制度によって生じた結果である。それらに欠陥があるならば，人々の手を通して修復することが可能であり，その先にはグラミン・グループのミッション「貧困のない世界を創る」ことが現実となるのである。

◆参考文献

アシル・アハメッド，大杉卓三編著（2009）『BOP を変革する情報通信技術──バングラデシュの挑戦』集広舎

池本幸生，松井範惇編著（2015）『連帯経済とソーシャル・ビジネス──貧困削減，富の再分配のためのケイパビリティ・アプローチ』明石書店

大杉卓三，アシル・アハメッド（2012）『グラミンのソーシャル・ビジネス──世界の社会的課題とどう向き合うか』集広舎

菅正広（2008）『マイクロファイナンスのすすめ──貧困・格差を変えるビジネスモデル』東洋経済新報社

菅正広（2009）『マイクロファイナンス──貧困と闘う「驚異の金融」』中央公論新社

菅正広（2014）『貧困克服への挑戦 構想グラミン日本──グラミン・アメリカの実践から学ぶ先進国型マイクロファイナンス』明石書店

経済産業省（2008）「ソーシャルビジネス研究会報告書」

経済産業省（2011）「ソーシャルビジネス推進研究会報告書」

経済産業省貿易経済協力局通商金融経済協力課（2010）『BOP ビジネスのフロンティア 途上国市場の潜在的可能性と官民連携』経済産業調査会

経済産業省，あらた監査法人（2015）「平成26年度アジア産業基盤強化等事業（人材ネットワーク構築による BOP ビジネス推進の可能性調査）に係る最終報告書」

経済産業省，株式会社野村総合研究所（2011）「平成22年度アジア産業基盤強化等事業（BOP ビジネス推進プラットフォーム〔仮称〕に関する調査・パイロット事業）報告書」

経済産業省 BOP ビジネス政策研究会（2010）「BOP ビジネス政策研究会報告書」

国際協力機構（JICA），株式会社日本総合研究所（2010）「本邦企業の BOP ビジネスと ODA 連携に係る調査研究報告書」

国際協力機構（JICA），株式会社電通（2015）「我が国企業による BOP ビジネスの普及促進と更なる連携強化のための調査業務報告書」

国際協力機構（JICA）南アジア部（2011）「バングラデシュ国 ソーシャルビジネスの可能性に関する情報収集・確認調査報告書」

国連開発計画（UNDP）（2010）『世界とつながるビジネス── BOP 市場を開拓する5つの方法』吉田秀美訳，英治出版

国連開発計画（UNDP）（2010）「ミレニアム開発目標（MDGs）：全ての人々のビジネス」

菅原秀幸，大野泉，槌屋詩野（2011）『BOP ビジネス入門──パートナーシップで世界の貧困に挑む』中央経済社

スチュアート・L・ハート（2008）『未来をつくる資本主義──世界の難問をビジネスは解決できるか』石原薫訳，英治出版

スチュアート・L・ハート，テッド・ロンソン編著（2011）『BOP ビジネス──市場共創の戦略』清川幸美訳，英治出版

世界資源研究所，国際金融公社（2007）「次なる40億人：ピラミッドの底辺（BOP）の市

場規模とビジネス戦略」
フェルナンド・カサード・カニエーケ,スチュアート・L・ハート（2016）『BOPビジネス3.0——持続的成長のエコシステムをつくる』平本督太郎訳,英治出版
坪井ひろみ（2016）『進化するグラミン銀行——ソーシャル・ビジネスの躍動』秋田魁新報社
坪井ひろみ（2006）『グラミン銀行を知っていますか——貧困女性の開発と自立支援』東洋経済新報社
枋迫篤昌（2012）『世界40億人を優良顧客にする！——ほんとうの金融を求めて創った仕組み）』日経BP社
ニコラス・P・サリバン（2007）『グラミンフォンという奇跡——「つながり」から始まるグローバル経済の大転換』東方雅美,渡部典子訳,英治出版
日本企業のBOPビジネス研究会（2011）『日本企業のBOPビジネス』日本能率協会マネジメントセンター
日本貿易振興機構（ジェトロ）アジア経済研究所（2009）「BOPビジネス」
ビジャイ・ゴビンダラジャン,クリス・トリンブル（2012）『リバース・イノベーション』渡部典子訳,ダイヤモンド社
ビバリー・シュワルツ（2013）『静かなるイノベーション——私が世界の社会起業家たちに学んだこと』藤﨑香里訳,英治出版
フィリップ・コトラー,ヘルマワン・カルタジャヤ,イワン・セティアワン（2010）『コトラーのマーケティング3.0——ソーシャル・メディア時代の新法則』恩藏直人監訳,藤井清美訳,朝日新聞出版
細内信孝（1999）『コミュニティ・ビジネス』学芸出版社
ポール・コリアー（2008）『最底辺の10億人』日経BP社
ムハマド・ユヌス,アラン・ジョリ（1998）『ムハマド・ユヌス自伝——貧困なき世界をめざす銀行家』猪熊弘子訳,早川書房
ムハマド・ユヌス（2008）『貧困のない世界を創る』猪熊弘子訳,早川書房
ムハマド・ユヌス（2010）『ソーシャル・ビジネス革命——世界の課題を解決する新たな経済システム』千葉敏生訳,岡田昌治監修,早川書房
渡辺龍也（1997）『「南」からの国際協力——バングラデシュグラミン銀行の挑戦』岩波書店
C.K.プラハラード（2005）『ネクスト・マーケット——「貧困層」を「顧客」に変える次世代ビジネス戦略』スカイライトコンサルティング訳,英治出版
GRI（グローバル・レポーティング・イニシアティブ）,国連グローバル・コンパクト,WBCSD（持続可能な開発のための世界経済人会議）（2016）「SDG Compass：SDGsの企業行動指針—— SDGsを企業はどう活用するか」
Asif Dowla, Dipal Barua (2006) *The Poor Always Pay Back : The Grameen II Story*, Kumarian Press.
H.I.Latifee (2015) *Nobin Udyokta Program : A New Frontier of Social Business.*

Grameen Trust Publication.
Michael E. Porter and Mark R, Kramer (2011), Creating Shared Value. *Harvard Business Review,* January-February 2011, 62-77.
Muhammad Yunus (2015), *Redesigning economics to redesign the world,* Yunus Centre.
Muhammad Yunus, Frederic Dalsace, David Menasce, and Benedicte Faivre-Tavignot (2015). Reaching the rich world's poorest consumers. *Harvard Business Review,* March 2015, 46-53.
Paula Yoo (2014), *Twenty-Two Cents : Muhammad Yunus and the Village Bank,* Lee & Low Books.
Rashidul Bari (2011), *Grameen Social Business Model : A Manifesto for Proletariat Revolution,* AuthorHouse Publishing.
The Boston Consultiong Group, Yunus Social Business (2013), *The power of social business : Lessons from corporate engagements with grameen.* The Boston Consultiong Group.
The YY Foundation (2014), *Social Business Academia Report 2014.* The YY Foundation.

ウェブサイト（2017年1月現在）
経済産業省　ソーシャルビジネス
　　http://www.meti.go.jp/policy/local_economy/sbcb/
経済産業省　BOPビジネス支援センター（Japan Inclusive Business Support Center）
　　http://www.bop.go.jp/
国際協力機構（JICA）　民間連携
　　https://www.jica.go.jp/activities/schemes/priv_partner/
国際金融公社（IFC）　インクルーシブ・ビジネス
　　http://www.ifc.org/wps/wcm/connect/Multilingual_Ext_Content/IFC_External_Corporate_Site/IFC_Home_Japan/Topics/BOP+business/
国連開発計画（UNDP）民間セクター戦略
　　http://www.jp.undp.org/content/tokyo/ja/home/partnerships_initiatives/privatesector/privatesector2.html
国際連合広報センター　持続可能な開発（SDGs）2030アジェンダ
　　http://www.unic.or.jp/activities/economic_social_development/sustainable_development/2030agenda/
日本政策金融公庫　ソーシャルビジネス支援
　　https://www.jfc.go.jp/n/finance/social/index.html
Grameen Bank（グラミン銀行）
　　http://www.grameen.com/

Yunus Centre（ユヌス・センター）
　http://www.muhammadyunus.org/
Social Business Pedia（ソーシャル・ビジネス・ペディア）
　http://socialbusinesspedia.com/
Grameenphone（グラミンフォン）
　https://www.grameenphone.com/
Grameen Telecom（グラミン・テレコム）
　http://www.grameentelecom.net.bd/
Grameen Shakti（グラミン・シャクティ）
　http://www.gshakti.org/
Grameen Health Care Services Ltd.（グラミン・ヘルスケア・サービス）
　http://www.grameenhealthcareservices.org/
Grameen Telecom Trust（グラミン・テレコム・トラスト）
　http://www.gtctrust.com/
Grameen Distribution Ltd.（グラミン・ディストリビューション）
　http://www.grameendistribution.com/
Grameen Danone Foods Ltd, danone.communities（グラミン・ダノン・フーズ）
　http://www.danonecommunities.com/en/home
Grameen Veolia Water Ltd.（グラミン・ヴェオリア・ウォーター）
　http://www.grameenveoliawaterltd.com/
Grameen Euglena（グラミンユーグレナ）
　http://grameeneuglena.org/
Grameen UNIQLO（グラミン・ユニクロ）
Grameen Intel Social Business Ltd（グラミン・インテル・ソーシャル・ビジネス）
　http://www.grameen-intel.com/
Grameen America（グラミン・アメリカ）
　http://www.grameenamerica.org/
Grameen Foundation（グラミン財団）
　http://www.grameenfoundation.org/

あとがき

　本書は2012年に出版した『グラミンのソーシャル・ビジネス——世界の社会的課題とどう向き合うか』に加筆し増補改訂版としたものである。2007年に九州大学はグラミン・コミュニケーションズと学術交流協定を締結し，様々な共同研究プロジェクトを展開してきた。本書の内容はその協定に基づき，グラミン銀行をはじめとするグラミン・グループとの共同研究や，バングラデシュや日本でのソーシャル・ビジネス設立支援を実践する経験から描かれている。書籍を執筆するための調査は，平和中島財団のアジア地域重点学術研究助成「バングラデシュにおける貧困削減に向けたソーシャル・ビジネスのモデル構築の研究」(2010年)，そしてKDDI財団の調査研究助成「情報通信技術を用いたBOP対象のソーシャル・ビジネス基盤構築に関する研究」(2011−12年)，九州大学教育研究プログラム・研究拠点形成プロジェクト(P&P)「バングラデシュの農村地域における検診履歴データベース構築の調査研究」(2013−14年)，電気通信普及財団の研究調査助成「PHC（ポータブル・ヘルス・クリニック）システムの地域適応性検証のための調査研究」(2016年) の研究助成への採択により実現した。

　調査のために，バングラデシュのグラミン銀行やグラミン・グループの組織，ソーシャル・ビジネスに取り組む合弁企業，アメリカのグラミン財団とグラミン・アメリカの皆様には，それぞれ現地での調査や問い合わせに丁寧にご対応いただいた。本書には登場していないが，アジア，中東，アフリカ地域でのグラミン・グループの活動や，グラミン・トラストのグラミン国際対話プログラムに参加することでグラミン・モデルを実践している組織からも話を聞かせてもらうことができる貴重な機会を得ることができた。また，JICA本部，JICA九州，JICAバングラデシュ事務所，そして在バングラデシュ日本大使館，九州大学の学内では九州大学国際部からも支援をいただいた。そして増補改訂版となる本書を出版するにあたり集広舎・中国書店の川端幸夫様，花乱社の別府大悟様と宇野道子様には大変なご尽力をいただいた。皆様には深く感謝を申し上げたい。

PHC（ポータブル・ヘルス・クリニック）プロジェクトにおける農村部での健康診断の様子。後方にはトヨタ自動車との共同研究で使用したSSW (Social Services on Wheel) の車が写る。

　ここで本書の筆者らがおこなってきたプロジェクトのいくつかを紹介する。2007年に始まったGramWeb (http://www.gramweb.net/) はバングラデシュの全国をカバーする村の情報プラットフォームである。2010年から2013年までJICA草の根技術協力事業「ICTを活用したBOP層農民所得向上プロジェクト」，通称IGPFプロジェクトを実施した。これは，ICT（情報通信技術）を活用し，農村部の人々がいつでもセミ・オーガニック野菜の生産方法や，マーケットの価格情報を入手することができる社会情報基盤を構築している。これに続き2014年から2017年には「ICTの高度活用によるBOP層農民の組織化支援」を実施した。また，2012年から2015年，トヨタ自動車との共同研究「社会ニーズ取得のための車搭載型農村向け社会情報サービス実験」をおこない，自動車に様々な社会サービスの機能を搭載し，また農村部で必要とされる商品をのせて村々を回り，農村部における自動車の新しい使用価値を生み出す実験をおこなった。

　この他，2012年より誰もが健康診断や保健医療サービスを受けることができる仕組みをICTにより実現するためのPHC（ポータブル・ヘルス・クリニック）の研究開発に取り組んでいる。遠隔地への出張形式や先に説明した車搭載型サービスの一つとして農村部に保健医療サービスを提供する実験を続けている。PHCは今後，ソーシャル・ビジネスとしての展開も視野に入

れて活動を広げる予定である。

　九州大学では2011年10月にユヌス＆椎木ソーシャル・ビジネス研究センターを開設し、ソーシャル・ビジネスの教育研究をおこなっている。また2017年1月には本書の筆者らが中心となり一般社団法人ソーシャル・ビジネス・アカデミア・ネットワークを立ち上げ活動を始めた。今後は日本でもソーシャル・ビジネスを大学で教育研究する体制を確立し、さらにソーシャル・ビジネスに取り組む起業家の育成にも一層力を入れていきたい。

　2017年1月

大杉卓三／アシル・アハメッド

▷ 大杉卓三　Osugi Takuzou
大阪大学未来戦略機構第一部門 特任准教授。
九州大学ベンチャービジネスラボラトリー、財団法人ハイパーネットワーク社会研究所、九州大学大学院比較社会文化研究院、九州大学日本エジプト科学技術連携センターなどを経て2014年4月より現職。

▷ アシル・アハメッド　Ashir Ahmed
九州大学大学院システム情報科学研究院 准教授。
東北大学電気通信研究所客員研究員、日本アバイア研究所、NTTコミュニケーションズ先端IPアーキテクチャセンター、九州大学次世代研究スーパースター養成プログラム・SSP研究員を経て、2011年4月より現職。グラミン・コミュニケーションズではプロジェクト・ディレクターを務める。

グラミンのソーシャル・ビジネス【増補改訂版】
世界の社会的課題に挑むイノベーション

2012年8月3日　初版発行
2017年2月15日　増補改訂版発行

著　者　大杉卓三／アシル・アハメッド
発行者　川端幸夫
発　行　集広舎
〒812-0035 福岡市博多区中呉服町5番23号
電話 092(271)3767　FAX 092(272)2946
ホームページ：http://www.shukousha.com

制　作　図書出版 花乱社
印刷・製本　モリモト印刷株式会社

Grameen's Social Business
A powerful way to solve social problems

ISBN978-4-904213-45-2

集広舎の本

社会的連帯経済入門
みんなが幸せに生活できる経済システムとは

廣田裕之

格差社会を乗り越える、新しい経済による可能性。

社会的連帯経済は全世界で10億人が実践していると言われる、共産主義・資本主義・新自由主義・グローバリズムとは一線を画し、人々のつながりや環境保全と持続性を重視する新しい経済システムである。世界各地の実情に詳しい地域通貨研究の第一人者が、アジア・中南米・ヨーロッパにおける実例を紹介しながら分かりやすく解説する。

定価（本体1500円＋税）
Ａ５判／232頁／並製
ISBN978-4-904213-43-8

目　次
第01章　社会的連帯経済のルーツを求めて
第02章　欧米・アフリカの動向
第03章　中南米での連帯経済の発展
　　　　──ブラジルを中心として
第04章　アジアにおける連帯経済の発展
第05章　協同組合
第06章　社会的企業
第07章　フェアトレード
第08章　金融・地域通貨
第09章　社会的連帯経済関係の公共政策
第10章　マーケティング
第11章　地域発展
第12章　日本における社会的連帯経済の歴史
第13章　日本の社会的連帯経済が抱える諸課題
第14章　お住まいの地域で社会的連帯経済を推進するには

▷著者略歴　**廣田裕之**（ひろた・やすゆき）
1976年福岡県生まれ。1999年より地域通貨（補完通貨）に関する研究や推進活動に携わっており、その関連から社会的連帯経済についても2003年以降関わり続ける。スペイン・バレンシア大学留学中、同大学社会的経済修士課程修了。著書『地域通貨入門──持続可能な社会を目指して』（アルテ、2011〔改訂版〕）、『シルビオ・ゲゼル入門──減価する貨幣とは何か』（アルテ、2009）など。

▷ホームページ「廣田裕之の社会的連帯経済ウォッチ」
　http://www.shukousha.com/category/column/hirota/